Modern Electric Bass 1

B A S I C S

„Spielend lernen mit der
„neuen" Schule für Elektrobass.

Die vollständige Lehrmethode
mit 18 Play Along Songs,
27 Groove Tracks,
183 Übungen und 79 Abbildungen.

Mit Noten und TAB

MIT CD

LEU-VERLAG

Achtung: Bitte immer Meldung an die GEMA machen, wenn ein Play Along Song oder ein Groove Track vor Publikum aufgeführt wird. Das GEMA Formular, welches dafür benötigt wird, heißt Musikfolge und ist kostenlos zu bekommen bei:

GEMA
Bayreuther Straße 37
10787 BERLIN
Tel: 030 - 21245-00
Fax: 030 - 21245-950 www.gema.de

4. Auflage 2009

© 1998 by LEU-VERLAG, 86356 Neusäß, Kolpingstraße 5
www.leu-verlag.de
Umschlag/Layout: Martina Seefeld, Waldstetten
Notensatz: Stefan Spielmannleitner, Schwäbisch Gmünd
Fotos: Bruno Kassel, Bert Gerecht, Kay-M. Schülzke

Tonstudio:	Neckarsound Studio, Tübingen
	Bex Studio, Köln
	Cool Groove Studio, Berlin
Drums:	Garcia Morales, Bodo Schopf
Drumsamples :	Funky Ass Loops, Michael Bland, Best Service
Bass &	
Piccolobass:	Andreas Lonardoni
Keyboards:	Joachim Becker
Guitars:	Peter Kellert (Groove Tracks)
	Ralf Templin (Play Along Songs außer „Stop Blues")
	Markus Wienstroer (Stop Blues)
Saxophon:	Schorsch Mayr

Druck: Druckhaus Gummersbach

Printed in Germany 2009

ISBN   978-3-928825-75-7

Inhalt

4. Slap It

5. Was du noch wissen solltest

Spielend lernen: Das ist das Motto bei MODERN ELECTRIC BASS 1.

Hier wird gespielt und Musik gemacht.

Mit „MODERN ELECTRIC BASS 1" lernst Du alles, was Du als Bassist brauchst. Sobald Du weißt, wie der Bass gestimmt wird und wie das Instrument gehalten wird, geht's direkt mit dem Spielen los. Du beginnst mit den notwendigen Grundlagen, wirst in logisch aufeinanderfolgenden Kapiteln mit allem vertraut gemacht, was für Dich als Bassist von Bedeutung ist, und lernst Schritt für Schritt die typischen Basslines für die wichtigsten Stilistiken kennen. Mit den zahlreichen Groove Tracks und den Play Along Songs kannst Du, begleitet von einer echten Liveband, das Erlernte dann in die Praxis umsetzen. Ausführliche Kapitel zum Thema Slapping, Harmonielehre für Bassisten und vieles mehr runden MODERN ELECTRIC BASS 1 ab und machen dieses Buch mit CD zu einem vollständigen Lehrwerk.

Viel Spaß beim „spielend lernen".

Andreas Lanadlani

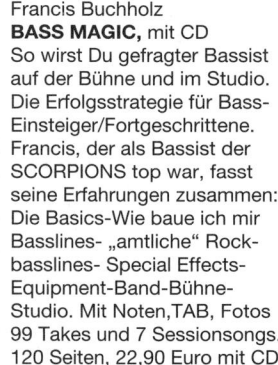

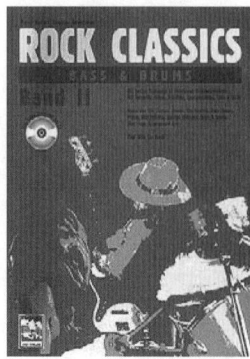

CD INLAY/BOOKLET ZUM AUSSCHNEIDEN

ANDREAS LONARDONI
MODERN ELECTRIC BASS 1 - BASICS

"Spielend lernen" mit der "neuen" Schule für Elektrobass.

Die vollständige Lehrmethode mit 18 Play Along Songs,

27 Groove Tracks, 183 Übungen und 79 Abbildungen.

Index CD

Alle Titel auf der CD komponiert, arrangiert und produziert von Peter Kellert & Andreas Lonardoni.
Andreas Lonardoni spielt: ART OF SOUND 4-STRING BASS, PYRASOUND SAITEN, SWR VERSTÄRKER UND BOXEN.

ID01 Stimmton
ID02 Übung 1
ID03 Übung 2
ID04 Übung 3
ID05 GT 1: Easy Groovin'
ID06 Übung 4
ID07 Übung 5
ID08 Übung 6
ID09 GT 2: Heavy Groovin'
ID10 GT 3: G-String Session
ID11 GT 4: D-String Session
ID12 GT 5: A-String Session
ID13 GT 6: E-String Session
ID14 PAS 1: Another Blues (L)
ID15 PAS 1: Another Blues (PB)
ID16 GT 7: Slow Song #1
ID17 GT 8: Slow Song #2
ID18 GT 9: Slow Song #3
ID19 PAS 2: My Song (L)
ID20 PAS 2: My Song (PB)
ID21 GT 10: Shuffle Groovin'
ID22 GT 11: Blue Notes
ID23 GT 12: Blues Scale Groove
ID24 GT 13: Chromatic Groove
ID25 PAS 3: Stop Blues (L)
ID26 PAS 3: Stop Blues (PB)
ID27 Übung 69
ID28 Übung 70

ID29 Übung 71
ID30 Übung 72
ID31 PAS 4: Rocket Blues (L)
ID32 PAS 4: Rocket Blues (PB)
ID33 Übung 73
ID34 Übung 74
ID35 Übung 75
ID36 Übung 76
ID37 PAS 5: AB/CD (L)
ID38 PAS 5: AB/CD (PB)
ID39 PAS 6: Slick With A Pick (L)
ID40 PAS 6: Slick With A Pick (PB)
ID41 Übung 85
ID42 Übung 88
ID43 PAS 7: Metal Hammer (L)
ID44 PAS 7: Metal Hammer (PB)
ID45 Übung 91
ID46 Übung 92
ID47 PAS 8: Max Boogie (L)
ID48 PAS 8: Max Boogie (PB)
ID49 PAS 9: Texas Groovin' (L)
ID50 PAS 9: Texas Groovin' (PB)
ID51 GT 14: Major Soul Time
ID52 GT 15: Minor Soul Time
ID53 PAS 10: Corvette (L)
ID54 PAS 10: Corvette (PB)
ID55 GT 16: Speed Attack
ID56 PAS 11: Soul Groovin' (L)

ID57 PAS 11: Soul Groovin' (PB)
ID58 Übung 111
ID59 PAS 12: „Dead" But Groovin' (L)
ID60 PAS 12: „Dead" But Groovin' (PB)
ID61 GT 17: One Note Groove
ID62 GT 18: Root And Fifth
ID63 PAS 13: Funk It Up #1 (L)
ID64 PAS 13: Funk It Up #1 (PB)
ID65 PAS 14: Funk It Up #2 (L)
ID66 PAS 14: Funk It Up #2 (PB)
ID67 PAS 15: House Funk (L)
ID68 PAS 15: House Funk (PB)
ID69 PAS 16: Motown Mood (L)
ID70 PAS 16: Motown Mood (PB)
ID71 GT 19: Slap It #1
ID72 GT 20: Slap It #2
ID73 PAS 17: Slapping Hard (L)
ID74 PAS 17: Slapping Hard (PB)
ID75 GT 21: Slap It #3
ID76 GT 22: Slap It #4
ID77 GT 23: Groove Development #1
ID78 GT 24: Groove Development #2
ID79 GT 25: Groove Development #3
ID80 GT 26: Groove Development #4
ID81 GT 27: Groove Development #5
ID82 PAS 18: Slap That Bass (L)
ID83 PAS 18: Slap That Bass (PB)

1. Das solltest du wissen

Der Bass   Hier siehst Du einen Bass und die Bezeichnung der Teile des Instruments.

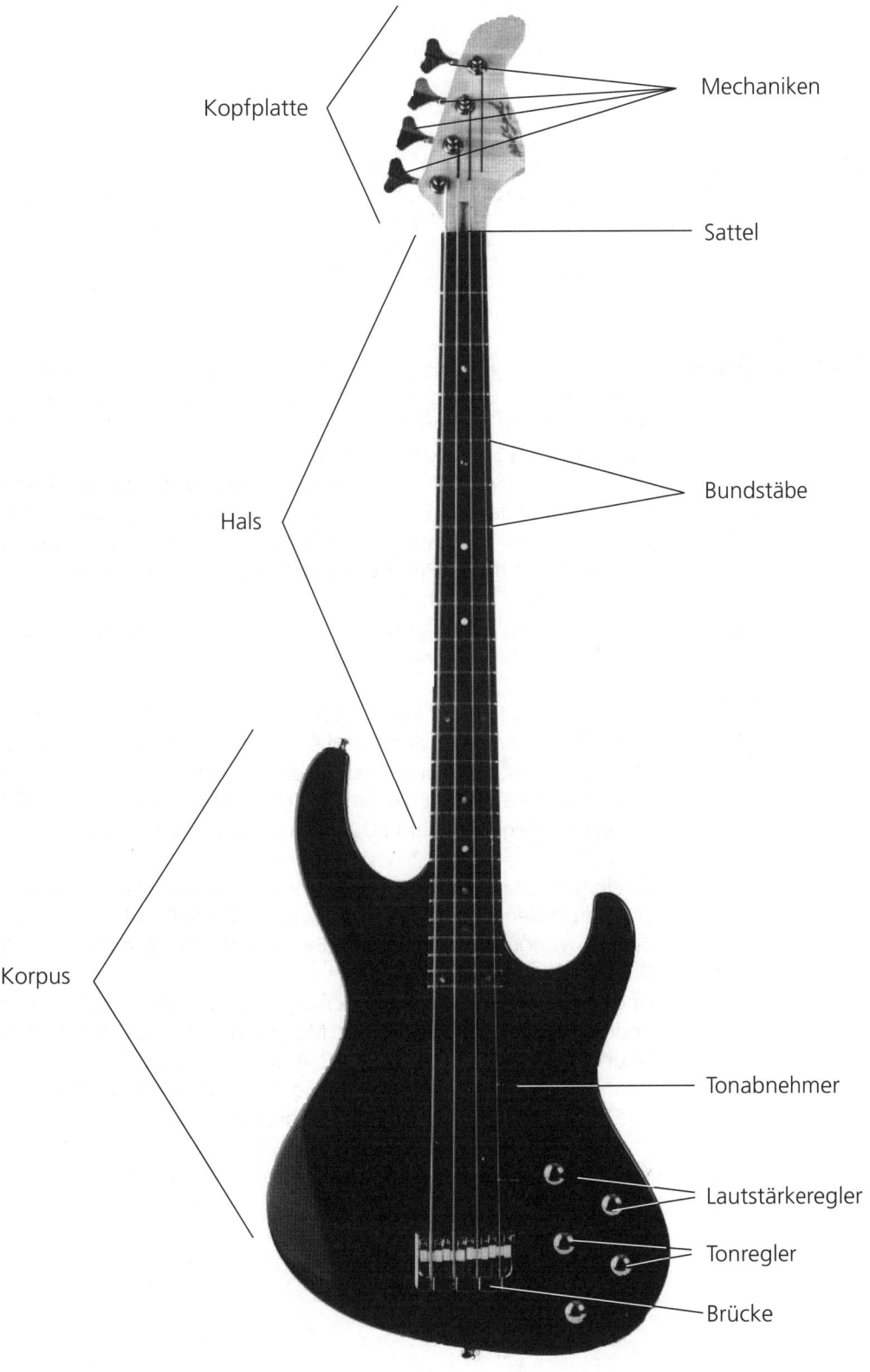

Kopfplatte

Mechaniken

Sattel

Bundstäbe

Hals

Korpus

Tonabnehmer

Lautstärkeregler

Tonregler

Brücke

Die Leersaiten des E-Basses

In der folgenden Abbildung sind die Namen der Saiten notiert. Wird eine Saite angeschlagen, ohne daß ein Ton gegriffen wird, so nennt man das eine Leersaite.

Abbildung 1:

G-Saite ──────────────── Hohe Saite
D-Saite
A-Saite
E-Saite ──────────────── Tiefe Saite

Die Griffbrettübersicht

Auf der nächsten Seite in Abbildung 2 siehst Du das Griffbrett eines viersaitigen Basses mit allen Tönen. Du kannst so Namen und Lage jedes Tones auf dem Bass nachlesen und weißt, wie die Töne notiert werden. Mach' Dir zwei Fotokopien der Tabelle. Eine hängst Du in Deinem Zimmer an die Wand, die andere kommt in den Basskoffer.

Mit CD üben

Auf der CD sind alle Play Along Songs und Groove Tracks aufgenommen. Von den Übungen sind nur die wichtigsten aufgenommen. So bleibt mehr Zeit für Songs und Groove Tracks.

Die Play Along Songs gibt's immer in zwei Versionen, als Listening Version und als Playback Version. In der **Listening Version (LV)** hörst Du den Song mit der von mir gespielten und notierten Bassline. Wenn Du die wichtigsten Teile des Songs gehört hast, wird der Song ausgeblendet. Dann kommt die **Playback Version (PV)**, also der komplette Song ohne Bass, für Dich zum Mitspielen.

Alle Play Along Songs sind mit Titelnummer angegeben, damit Du sie mit dem CD Spieler direkt anwählen kannst.

z.B. LV 25 – PB 26

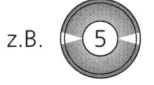
z.B. 5

Bei den Groove Tracks kommt der von mir gespielte Bass immer über den linken Kanal, und der Rest des Playbacks über den rechten Kanal. Mit dem Balanceregler kannst Du dann meinen Bass ausblenden und selbst mitspielen. Auch die Groove Tracks sind im Buch mit einer Titelnummer angegeben, damit Du sie direkt anwählen kannst.

Zu einigen Groove Tracks habe ich zwei passende Basslines notiert, die Du dazuspielen kannst. Version eins ist die **Basic Bassline**, die auch auf der CD zu hören ist. Die andere Bassline ist eine **Variation der Basic Bassline.**

Und noch was! Alle notwendigen Übungen zu den einzelnen Kapiteln findest Du selbstverständlich in **MODERN ELECTRIC BASS 1**. Diese Übungen sollen Dir aber auch als Anregung für das Erfinden eigener Übungen dienen. Mit ein klein wenig Phantasie kannst Du Dir problemlos Deine eigenen Übungen davon ableiten.

Abbildung 2

Griffbrettübersicht

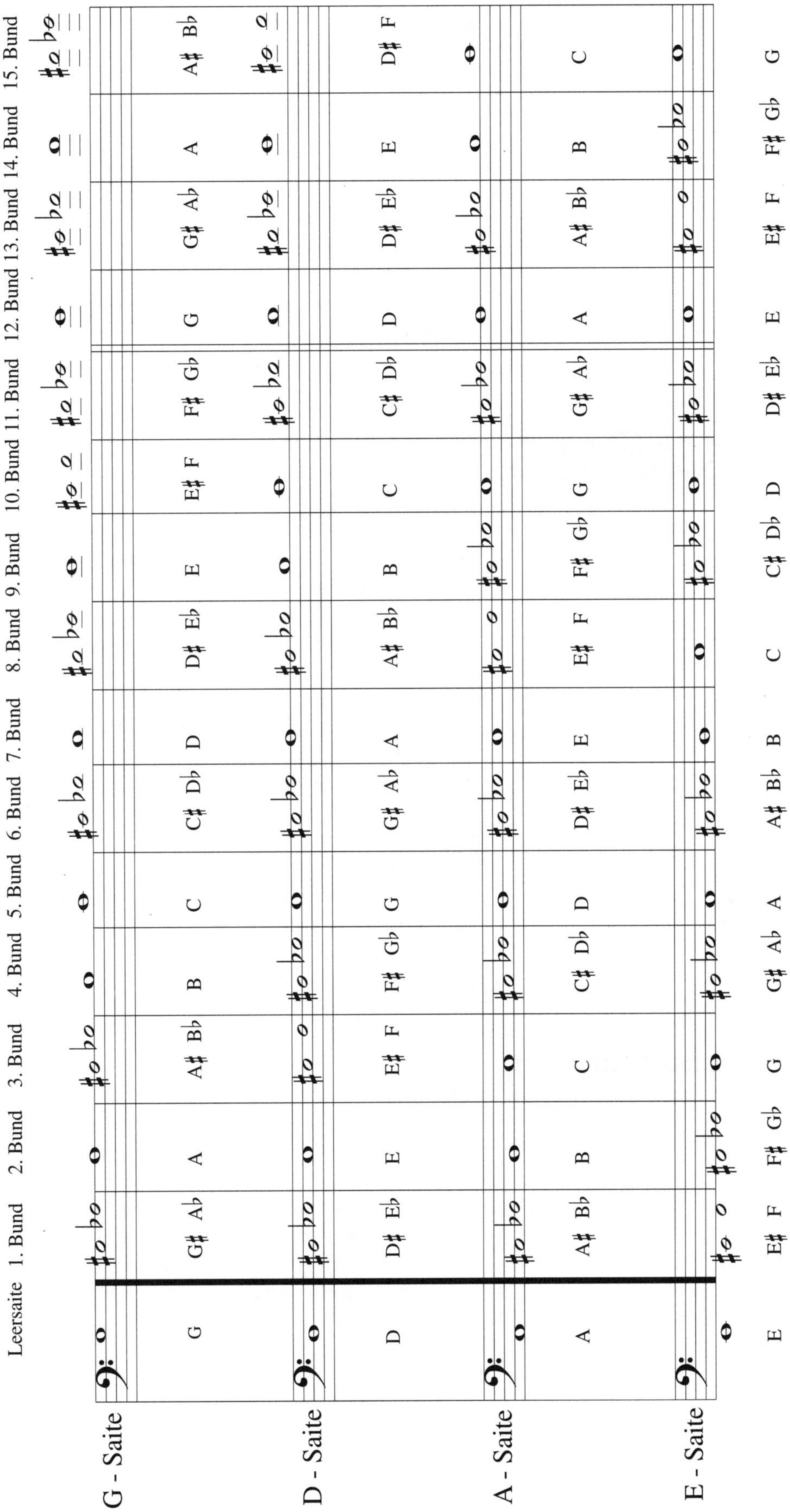

Hier meine Vorschläge, wie Du mit der CD üben sollst:

* Zuerst den Take in Ruhe anhören. Achte auf Tempo, Spiel- weise, wie betont wird usw. Versuche, den Take "ins Ohr" zu kriegen.
* Schaue Dir die Noten bzw. die TAB an. Spiele jetzt einmal alles ohne CD langsam durch, bis Du Dich sicher fühlst.
* Dann steigerst Du das Tempo langsam, bis es auch im CD-Tempo klappt.

Übrigens: Die meisten CD Spieler haben heutzutage ja eine **Repeat Funktion.** Da kannst Du den Take so lange wiederholen lassen, bis Deine Bassline perfekt klappt.

Ohne CD üben – Das Metronom

Immer wenn Du ohne CD übst, läuft Dein Metronom mit. Alles mit dem Metronom zu üben ist der beste Weg, um ein gutes Timing zu bekommen. Das Wort Timing kannst Du am einfachsten mit "rhythmi- sche Sicherheit beim Spielen" übersetzen. Ein gutes Timing ist das Allerwichtigste für einen Bassisten. Das Metronom hilft Dir bei der Kon- trolle Deines Timings und zeigt Dir, ob Du zu schnell oder zu langsam spielst oder ob Du genau "auf dem Beat bist" bist.
Ich habe für die Übungen im Buch absichtlich keine Angaben zum Tempo der Metronomschläge gemacht. Stelle das Metronom bei jeder Übung so ein, daß Du die Übung sicher spielen kannst. Klappt das pro- blemlos, kannst Du das Tempo in kleinen Schritten steigern.
Zur Überprüfung des Timings solltest Du Dein Spiel hin und wieder mit einem **Recorder** aufzeichnen. So kannst Du jede Phase Deiner musika- lischen Entwicklung überwachen und Dein Spiel optimal weiterent- wickeln.
Du mußt natürlich auch in einer Band zu spielen und Auftritte machen. **Live vor Publikum zu spielen ist das beste was Du tun kannst, um Dein Bass-Spiel zu verbessern.** Dieses Training ist durch nichts zu ersetzen. Falls Du noch keine Band hast, gründe einfach eine! Leute, die Musik machen wollen, sind immer zu finden.

Die Tabulatur (TAB)

Die vier Linien der TAB stellen die vier Saiten Deines Basses dar. Die unterste Linie entspricht der E-Saite, die zweitunterste der A-Saite usw. Die TAB liest Du, ebenso wie die Noten, von links nach rechts. Die Zahl auf der jeweiligen Linie gibt Dir an, auf welchem Bund Du die Saite herunterdrücken mußt. Steht zum Beispiel auf der zweituntersten Linie, die der A-Saite entspricht, eine "3", so bedeutet das, daß Du die A-Saite auf dem dritten Bund greifen und herunterdrücken sollst. Eine "0" auf der untersten Linie bedeutet, daß Du die E-Saite leer anschla- gen sollst, ohne einen Bund zu drücken.

Abbildung 3:

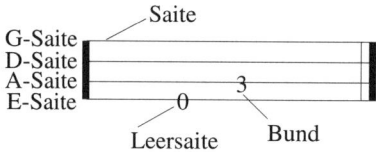

An folgendes solltest Du bei der TAB denken. Tabulaturlesen zu lernen dauert fast genauso lange wie Notenlesen zu lernen. Außerdem sind viele interessante Bassbücher nur in Notenschrift notiert. Alles was dort steht, bleibt dem TAB-Bassisten zwangsläufig verschlossen.

Über's Notenlesen

Vorteile hat es schon, wenn Du Noten lesen und schreiben kannst. Du kannst Deine musikalischen Ideen festhalten, die sonst schnell wieder vergessen sind. Du kannst einen Song komponieren, Deiner Band die Noten vorlegen und ihr könnt den Song dann zusammen spielen. Du kannst Basslines von CD's abhören, nachspielen, notieren und analysieren und so Dein musikalisches Wissen vergrößern.

Mit anderen Worten: **Noten schreiben und lesen zu können, erweitert Deinen musikalischen Horizont.**

Notenzeile

Eine Notenzeile ist ein Liniensystem, bestehend aus fünf Linien. Die Lage der Note in der Notenzeile bestimmt deren Tonhöhe. Je höher die Note in der Notenzeile notiert ist, umso höher klingt sie. Je tiefer die Note in der Notenzeile notiert ist, umso tiefer klingt sie.

Abbildung 4:

Hoher Ton   Tiefer Ton

Hilfslinien

Das Notensystem mit seinen fünf Linien ist nicht ausreichend, um alle Töne zu notieren. Töne, die das System über- oder unterschreiten, werden mit Hilfslinien dargestellt. Diese Hilfslinien sind kleine Notenlinien, die für die jeweilige Note gültig sind.

Abbildung 5:

Bass-Schlüssel

In einer Bass-Stimme findest Du am Anfang jeder Notenzeile immer den Bass-Schlüssel. Er wird auch als F-Schlüssel bezeichnet, weil seine beiden Punkte die vierte Linie umschließen, auf der der Ton "F" liegt.

Abbildung 6:

Die Töne auf den Linien heißen: G,B,D,F,A
Abbildung 7:

G   B   D   F   A

Die Töne zwischen den Linien heißen: A,C,E,G
Abbildung 8:

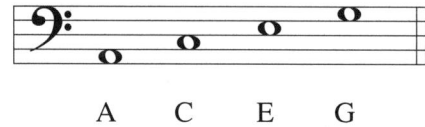

A   C   E   G

Vorzeichen

Durch Vorzeichen werden Töne erhöht oder erniedrigt. Mit einem **"#"** (sprich: Kreuz) wird ein Ton um einen Halbton erhöht.

Aus einem C wird ein Cis, aus einem G wird ein Gis. Es wird immer die Silbe "is" an den Notennamen angehängt. Auf Deinem Bass ist ein Halbton der Abstand von einem Bund zum nächsten Bund.
Abbildung 9:

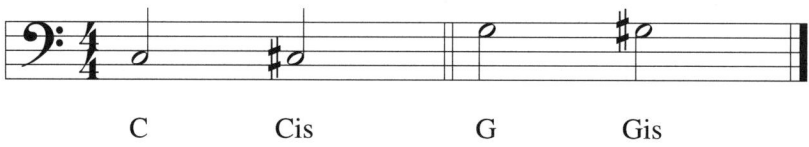

C   Cis   G   Gis

Mit einem **"b"** wird ein Ton um einen Halbton erniedrigt. Aus dem Ton "D" wird ein "Des", aus dem Ton "G" wird ein "Ges". Es wird immer, von zwei Ausnahmen abgesehen, die Silbe "es" an den Notennamen angehängt. Die eine Ausnahme ist der Ton "B". Wird der Ton um einen Halbton erniedrigt, so wird daraus der Ton "Bb" (sprich englisch: Bi-flät). Siehe "international gültige Notenschreibweise" weiter unten im Text.

Die zweite Ausnahme ist der Ton "A", aus dem, wenn er erniedrigt wird, der Ton "As" wird.
Abbildung 10:

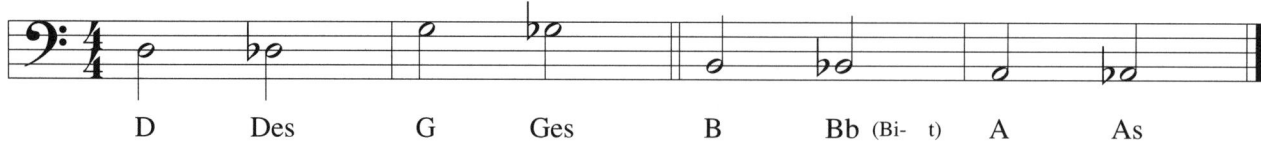

D   Des   G   Ges   B   Bb (Bi- t)   A   As

Vorzeichen gelten nur für den Takt, in dem Sie notiert sind. Soll ein Vorzeichen wieder neutralisiert werden, geschieht das mit dem **Auflösungszeichen.** Aus einem "Cis" wird wieder ein "C" und aus einem "Eb" wieder ein "E".
Abbildung 11:

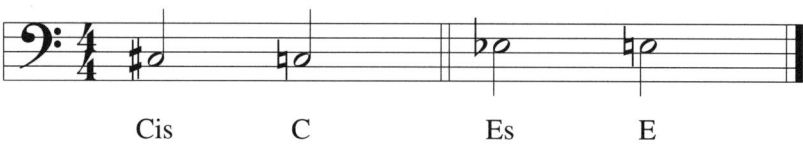

Cis   C   Es   E

Hier noch ein kleiner Hinweis: Ich verwende in diesem Buch die **international gültige Notenschreibweise.** Die im deutschen als "H" bezeichnete Note wird international "B" genannt. Die im deutschen als "B" bezeichnete Note wird international "Bb" (sprich: Bi-flät) genannt.

Deutsch:	International:
H	B
B	Bb

Taktarten

In einem Takt wird eine bestimmte Anzahl von Notenwerten zusammengefaßt. Der bekannteste und gebräuchlichste Takt ist der 4/4 Takt. Die Bezeichnung 4/4 bedeutet: Viermal den Wert einer Viertelnote pro Takt. Der Taktstrich unterteilt das Notensystem in übersichtliche Gruppen.

Abbildung 12:

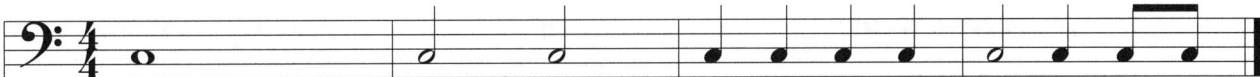

Die Summe aller Notenwerte im 4/4 Takt ergibt immer 4/4. Statt 4/4 steht auch manchmal nur der Buchstabe "C" am Anfang.

Abbildung 13:

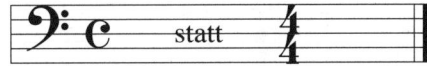

Weitere gebräuchliche Taktarten sind zum Beispiel 2/4 Takt, 3/4 Takt, 5/4 Takt und 6/8 Takt.

Abbildung 14:

Doppelstrich

Formteile eines Songs werden durch einen Doppelstrich voneinander getrennt.

Abbildung 15:

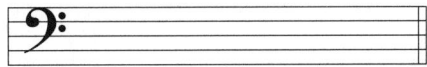

Das Ende des Songs oder Notenbeispiels bildet der Doppelstrich mit einem fetten Balken.

Abbildung 16:

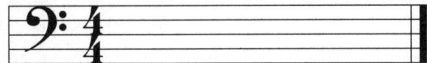

Wiederholungszeichen

Alles was zwischen den beiden Doppelpunkten steht, wird einmal wiederholt.

Abbildung 17:

Faulenzer

Das Zeichen ist, wie der Name schon sagt, aus Bequemlichkeit entstanden. Du wiederholst einfach das, was Du im Takt davor gespielt hast.

Abbildung 18:

Grundmetrum

Wichtig ist, daß Du bei den folgenden Übungen, Groove Tracks und Play Along Songs immer ein Grundmetrum hast. Das Grundmetrum ist der Wert, der bei einer Taktart unter dem Bruchstrich steht. Das bedeutet, daß zum Beispiel in einem 4/4 Takt die Viertelnote das Grundmetrum ist:

Abbildung 19:

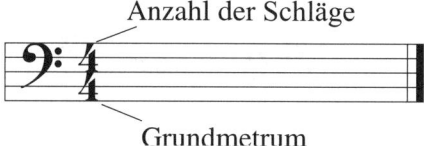

Die obere Zahl gibt Dir die Anzahl der Schläge pro Takt an. Gewöhnlich erzeugst Du das Grundmetrum durch Mittippen Deines Fußes im Rhythmus der Musik. Zur Kontrolle dieses Grundmetrums solltest Du, wie schon erwähnt, immer das Metronom mitlaufen lassen.

Die Position des Basses

Hänge Dir den Bass so um, daß er im Sitzen wie auch im Stehen die gleiche Position hat. Sonst kann es passieren, daß Du im Sitzen eine Bassline problemlos spielen kannst; wenn Du diese Figur dann im Stehen spielst, klappt es auf einmal nicht mehr. Die Hand, mit der die Töne gegriffen werden, nennst Du **Greifhand**. Mit der anderen schlägst oder zupfst Du die Saiten an. Das ist die **Schlaghand**.

Den Bass stimmen

Um mit anderen Musikern oder zur CD spielen zu können, mußt Du Deinen Bass in die richtige "Stimmung" bringen. Durch drehen an den Mechaniken veränderst Du die Spannung der Saiten. Erhöhst Du die Spannung, erhöhst Du auch die Tonhöhe. Umgekehrt wird der Ton der Saite tiefer, wenn Du die Spannung der Saite verringerst.

Zur CD stimmen

Damit Dein Bass immer richtig zur Begleit-CD gestimmt ist, höre Dir den ersten Take an. Drehe vorsichtig so lange an den Mechaniken Deines Basses, bis die Tonhöhe mit der meines Basses auf der CD übereinstimmt.

 Stimmton

Stimmen nach Klavier oder Keyboard

Du kannst den Bass auch nach einem Klavier oder Keyboard stimmen. Diese sollten auf A = 440 Hertz gestimmt sein, was in der Regel auch der Fall ist.

In der Graphik siehst Du die Leersaiten Deines Basses und die entsprechenden Töne auf der Tastatur des Klaviers. Schlage den Klavierton an, der der leer gespielten G-Saite des Basses entspricht und stimme die G-Saite danach. Dann schlägst Du den Klavierton an, der der leer gespielten D-Saite des Basses entspricht und stimmst die D-Saite danach. Mit den anderen Saiten verfährst Du genauso.

Abbildung 20:

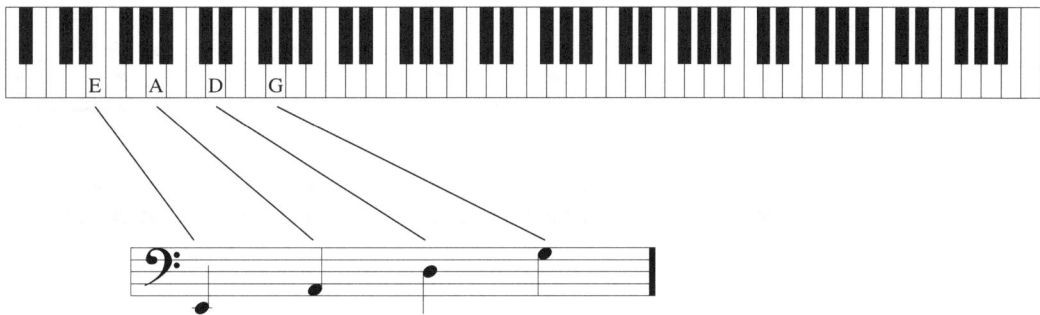

Vergleichende Stimmung

Eine weitere Möglichkeit ist die sogenannte vergleichende Stimmung. Für diese Stimmung brauchst Du den Ton "E" von einem Klavier zum Beispiel. Man nennt das "E" dann den **Referenzton**. Zuerst mußt Du die E-Saite mit dem Referenzton in Einklang bringen. Dann greifst Du den Ton "A", der im fünften Bund der E-Saite liegt, und schlägst den Ton an. Dieser Ton "A" ist mit der leer gespielten A-Saite identisch. Jetzt drehst Du an der Mechanik der A-Saite so lange, bis deren Tonhöhe mit dem am fünften Bund gegriffenen Ton der E-Saite übereinstimmt. Dann geht es wie folgt weiter:

Abbildung 21:

E-Saite im 5. Bund gegriffen = leere A-Saite
A-Saite im 5. Bund gegriffen = leere D-Saite
D-Saite im 5. Bund gegriffen = leere G-Saite

Saite: E   A   A   D   D   G

Bund: 5   0   5   0   5   0

Rhythmus Crashkurs

Für Noten mit unterschiedlicher Dauer werden verschiedene graphische Zeichen verwendet. Der sogenannte **Rhythmusturm** zeigt Dir alle wichtigen rhythmischen Notenwerte, wie diese zu zählen sind und das Verhältnis der rhythmischen Notenwerte zueinander.

Abbildung 22:

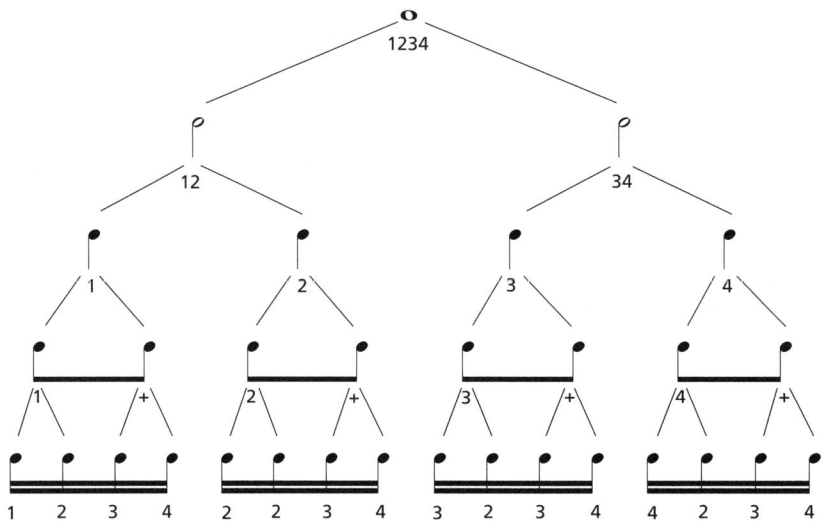

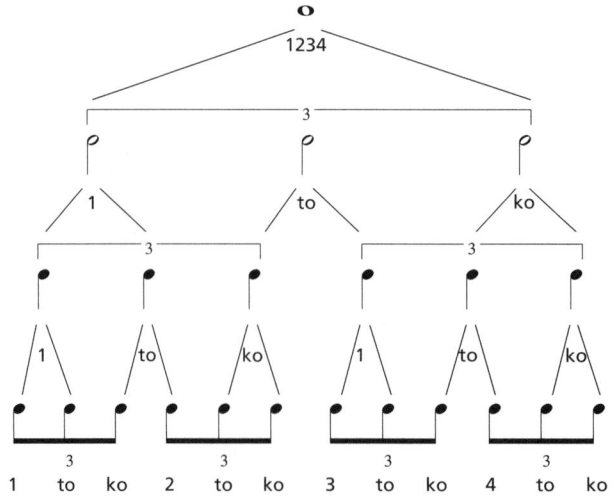

Achtel- und Sechzehntelnoten kannst Du entweder einzeln mit Fähnchen notieren oder mit Hilfe von Balken in Zweier- und Vierergruppen zusammenfassen.

Abbildung 23:

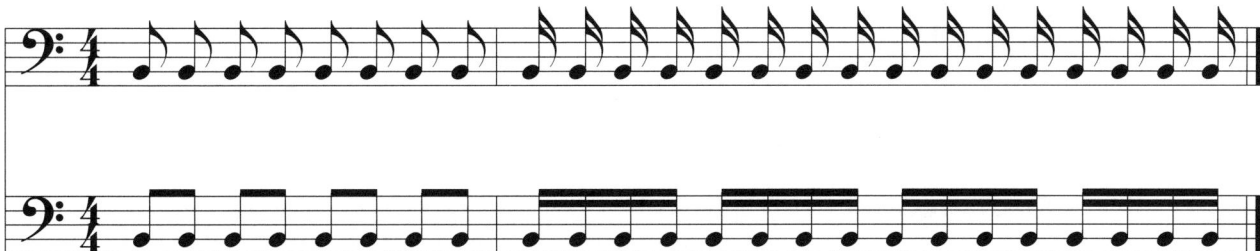

Ein ganz wichtiger Bestandteil der Musik sind die **Pausen.** Pausen sind genau festgelegte Zeiträume, in denen nicht gespielt wird. Zu jedem Notenwert gibt es auch einen passenden Pausenwert.

Abbildung 24:

Ganze   Halbe   Viertel   Achtel   Sechszehntel

Der **Haltebogen** verbindet Noten miteinander.
Abbildung 25:

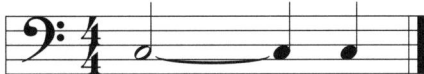

Ein **Punkt** hinter einer Note verlängert diese um die Hälfte ihres Wertes. Eine punktierte Viertelnote wird daher um eine Achtelnote zu 3/8 verlängert.
Abbildung 26:

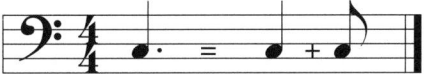

2. Es geht los

Verschiedene Möglichkeiten, die Saiten anzuschlagen

Du kannst die Saiten auf die verschiedensten Arten anschlagen. Die drei gängigsten Möglichkeiten sind:

* Zupftechnik
* Plektrumtechnik
* Slappingtechnik

Zupftechnik

Die Zupftechnik ist die gängigste Art, auf dem Bass Töne zu erzeugen. Die Plektrumtechnik kommt hauptsächlich in den rockigeren Stilistiken zum Einsatz. Die Slappingtechnik findest Du weiter hinten im Buch ausführlich erklärt.

Lege Deine Schlaghand über den Basskorpus.

Den Daumen solltest Du nicht am Tonabnehmer abstützen, sondern beim Saitenwechsel mit über die darunterliegenden Saiten gleiten lassen. So kannst Du mit dem Daumen die nichtgespielten, tieferen Saiten am Mitschwingen hindern.

Damit der Ton voll und kräftig klingt, darfst Du die Saite nicht mit der Fingerspitze, sondern immer mit dem ersten Glied von Zeige- oder Mittelfinger anzupfen. Dafür müssen die Fingernägel allerdings kurz geschnitten sein, sonst erzeugst Du ein Klickgeräusch.

Wechselschlag

Versuche die Saiten immer mit **Wechselschlag** anzuschlagen, also abwechselnd mit Zeigefinger (Z) und Mittelfinger (M). Der Wechselschlag ist bei schnell gespielten Basslines mit vielen Tönen Deine Rettung. Ohne koordinierte Finger, also Wechselschlag, bist Du verloren. WICHTIG: Du solltest alle gezupften Übungen, Groove Tracks und Play Along Songs in **MODERN ELECTRIC BASS 1** grundsätzlich <u>immer</u> mit Wechselschlag spielen. Wenn einmal nicht der Wechselschlag zum Einsatz kommt, habe ich das in der jeweiligen Übung notiert.

Mit den folgenden Übungen (Takes) kannst Du den Wechselschlag trainieren.

2 **Übung 1**

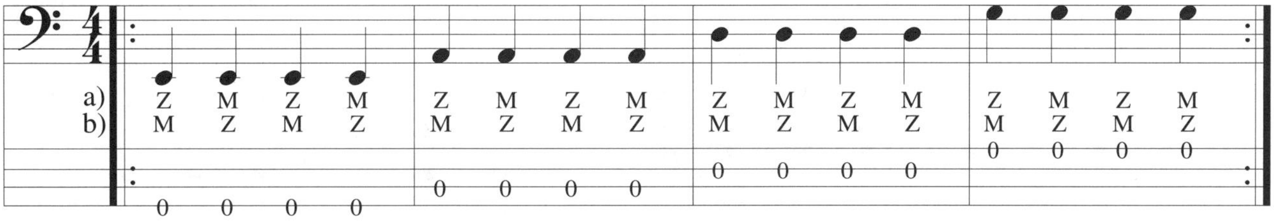

3 **Übung 2**

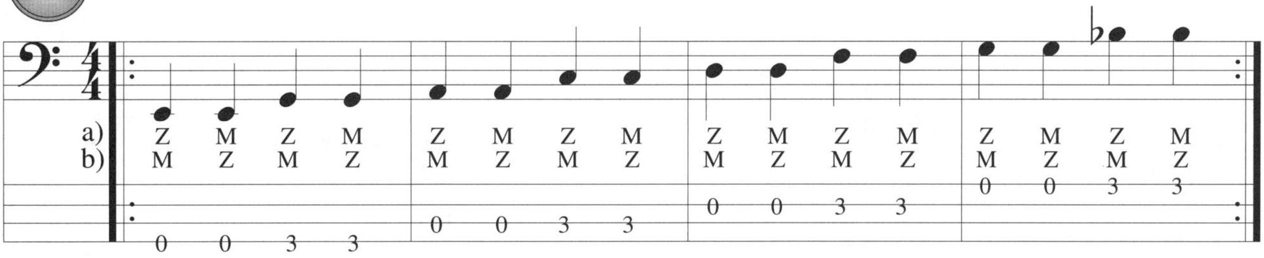

4 **Übung 3**

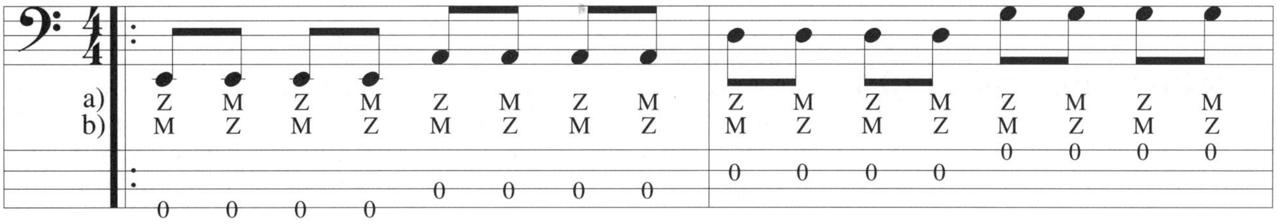

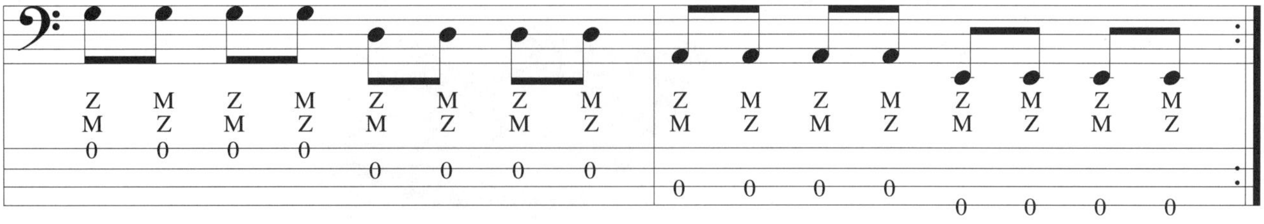

Im ersten Groove Track kannst Du das Gelernte gleich mit der Band in die Praxis umsetzen. Wir starten mit EASY GROOVIN', einem Blues in "D", den Du nur auf den Leersaiten spielst.

Easy Groovin'

(5) Groove Track 1

© P. Kellert/A. Lonardoni GEMA

Plektrumtechnik Teil 1

Mit dem Plektrum wird Dein Bassound klarer, härter und knackiger. Mit einem Nylonplektrum mittlerer Stärke bist Du meist bestens bedient. Du hältst das Plektrum zwischen dem ausgestreckten Daumen und dem Zeigefinger. So bildet Deine Hand eine leicht geöffnete Faust.

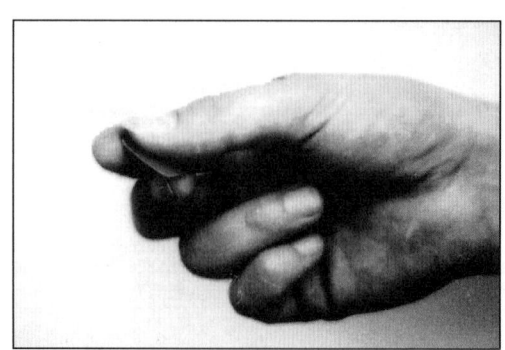

Schlage die Saite etwa 10 cm vor der Brücke an. Achte darauf, daß Du das Plektrum fest, aber nicht verkrampft zwischen den Fingern hältst. Schlägst Du die Saiten an, muß die Bewegung aus Hand und Unterarm kommen. Du darfst nicht den ganzen Arm bewegen, denn das kostet zuviel Kraft.

Beim Spielen mit dem Plektrum erhältst Du den druckvollsten Sound, wenn Du die Saite immer von oben mit Abschlag anschlägst. Wenn ein Song aber so schnell ist, daß Du mit dem Abschlag alleine nicht mehr mitkommst, mußt Du die Saite abwechselnd mit **Abschlag (⊓)** und **Aufschlag (V)** anschlagen.

Ich habe Dir ein paar Übungen aufgeschrieben, mit denen Du die Plektrumtechnik mit Abschlag und Wechselschlag sinnvoll trainieren kannst.

 **Übung 4**

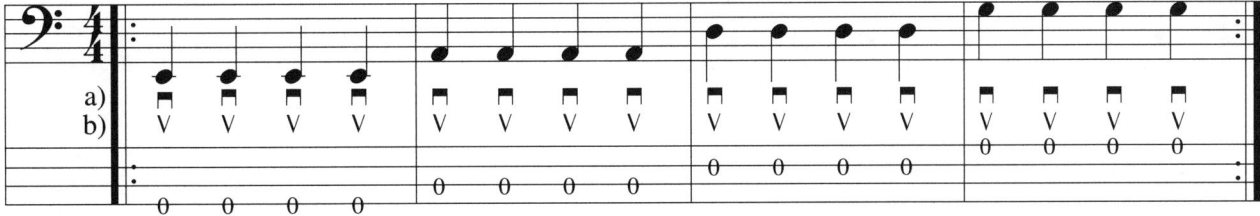

 **Übung 5**

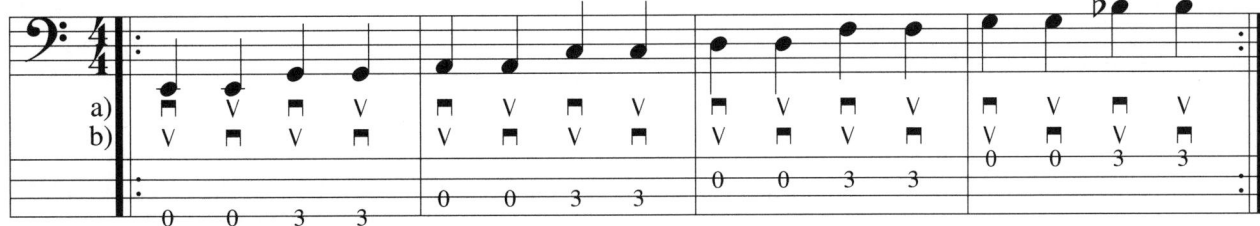

23

Übung 6

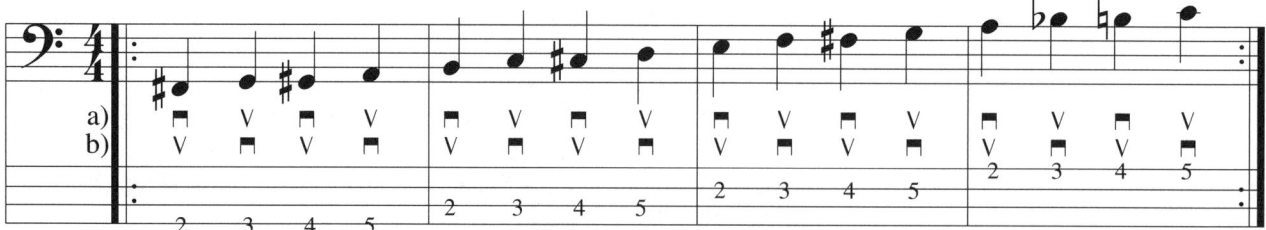

WICHTIG: Du kannst alle Übungen, Groove Tracks und Play Along Songs in **MODERN ELECTRIC BASS 1** <u>auch</u> mit Plektrum spielen. In der Regel gilt auch hier immer die Wechselschlagtechnik. Spezielle Anschlagsweisen sind über den Noten extra notiert.
Wir üben den Wechselschlag wieder mit einem Groove Track. Diesmal ist es ein Blues in "A". Zähle laut die Viertelnoten mit.

Groove Track 2

Heavy Groovin'

© P. Kellert / A. Lonardoni GEMA

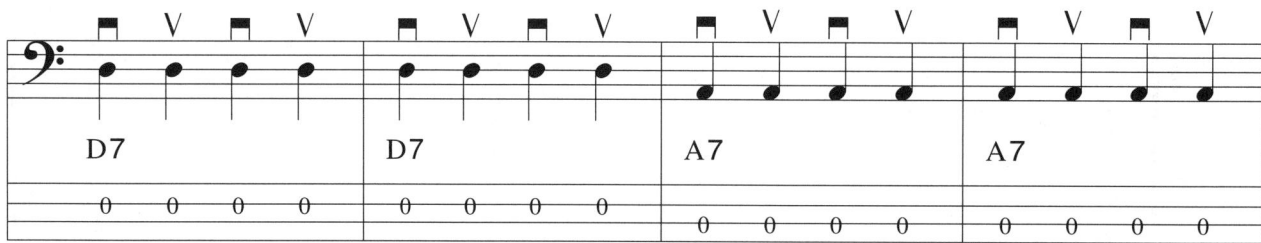

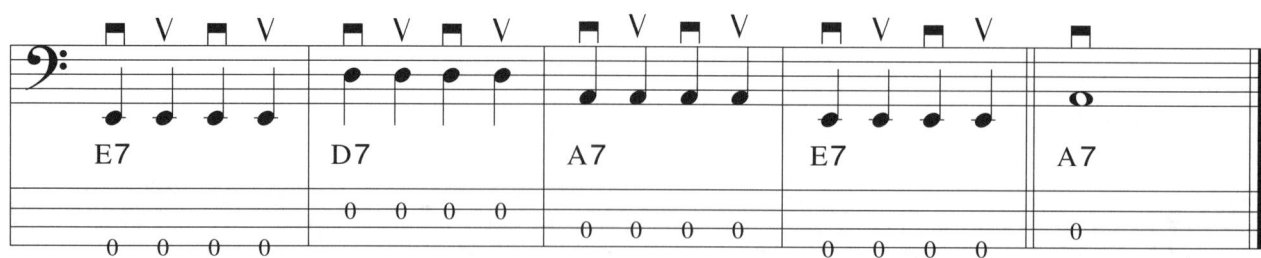

Weiter hinten im Buch, im Kapitel PLEKTRUMTECHNIK TEIL 2, findest Du noch weitere spezielle Übungen für die Plektrumtechnik.

Etwas zum Thema Handhaltung

Die richtige Haltung von Schlag- und Greifhand erleichtert das Spielen, spart Kraft und garantiert, daß Du auch bei einem schnellen Spieltempo nicht gleich ins Schwitzen kommst. Bei einer falschen Handhaltung sind sich Deine Finger meist selbst im Weg. Du belastest Sehnen und Gelenke unnötigerweise, was dann leicht zu Schmerzen führen kann.

Fingersatz

Grundsätzlich solltest Du beim Spielen immer einen Fingersatz (FS) wählen, mit dem Du möglichst viele Töne greifen kannst. Spielst Du eine Bassline, bei der ein Sprung mit der Greifhand nicht zu vermeiden ist, wechsle den Fingersatz immer so, daß der musikalische Fluß Deiner Bassline nicht unterbrochen wird. Um den Fingersatz notieren zu können, bekommt jeder Finger und die Leersaite eine Nummer:

Leersaite	**= 0**
Zeigefinger	**= 1**
Mittelfinger	**= 2**
Ringfinger	**= 3**
Kleiner Finger	**= 4**

Überall, wo es wichtig ist, habe ich in **MODERN ELECTRIC BASS 1** den Fingersatz mit zu den Noten geschrieben.

Haltung der Greifhand

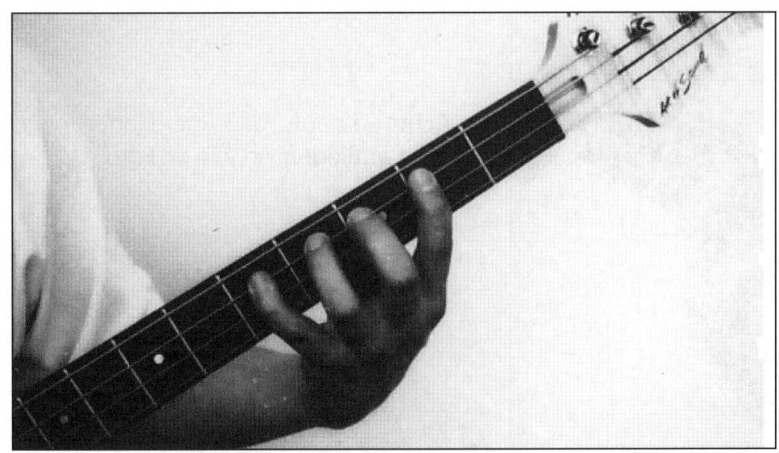

Lege in jeden Bund einen Finger. Das erste Fingerglied liegt immer senkrecht auf der Saite. Achte darauf, daß Du die Saite ganz nach unten, also auf den Instrumentenhals drückst. So ist garantiert, daß Dein Ton ohne Schnarrgeräusche an den Bundstäben erklingt. Du solltest allerdings nicht so fest drücken, daß Deine Greifhand verkrampft. Im nächsten Foto kannst Du alles sehen.

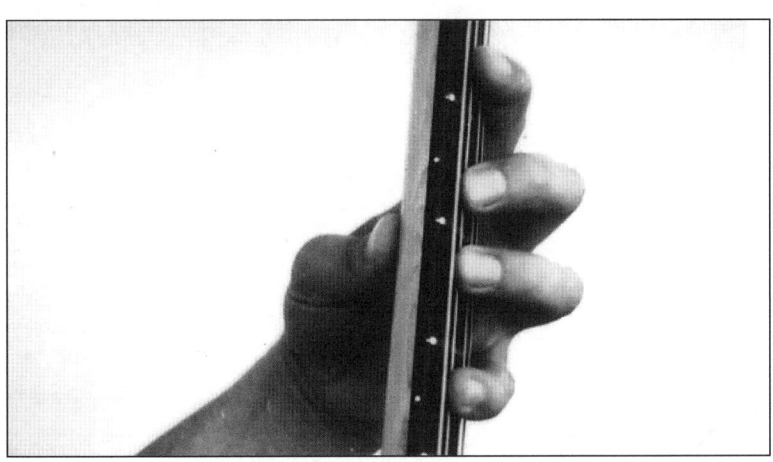

Soll ein Ton möglichst kurz klingen, mußt Du direkt nach dem Anschlagen den gegriffenen Ton wieder loslassen. Das folgende Foto zeigt Dir die Position Deines Daumens, der hinter dem Hals, etwa zwischen dem 2. und 3. Finger, aufliegt. Wichtig ist, daß der Daumen hinter dem Hals liegenbleibt und nicht darüber hinausragt.

Ist Deine Hand noch nicht voll ausgewachsen, kannst Du auch mit drei Fingern greifen. Dann gehören Ring- und kleiner Finger zusammen in einen Bund.

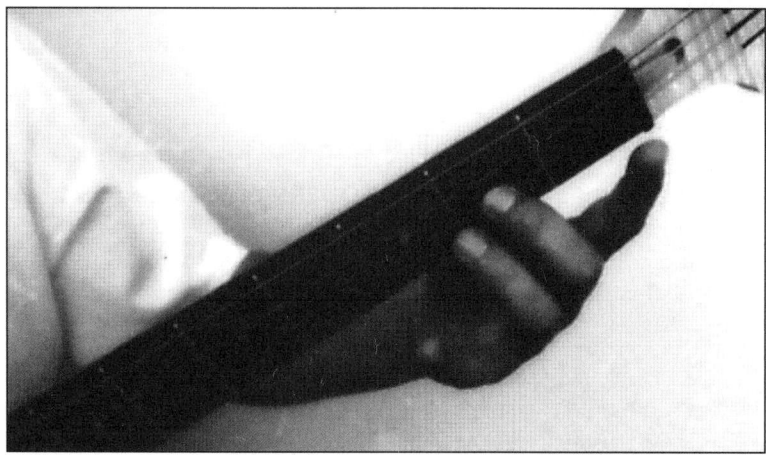

Versuche beim Spielen nach Möglichkeit die Finger immer liegen zu lassen. Es sollte nicht so aussehen wie im folgenden Foto.

Achte darauf, daß die Finger <u>nicht</u> flach aufliegen, so wie im Foto.

Die Töne bis zum fünften Bund

Im folgenden Kapitel lernst Du Schritt für Schritt alle Töne bis zum fünften Bund kennen. Zuerst mache ich Dich mit den Tönen vertraut, dann gibt's ein paar Übungen und danach kannst Du das Gelernte zum Groovetrack trainieren.

In der folgenden Abbildung siehst Du die Töne auf der G-Saite bis hoch zum fünften Bund und wieder hinunter. Beim Hinaufspielen habe ich das "#" eingesetzt, beim Hinunterspielen "b". Haben zwei Töne dieselbe Tonhöhe aber unterschiedliche Namen, nennt man das eine **enharmonische Verwechslung**. Präge Dir Name und Position der Töne genau ein. Am besten ist es, wenn Du die Töne auswendig lernst.

Abbildung 27

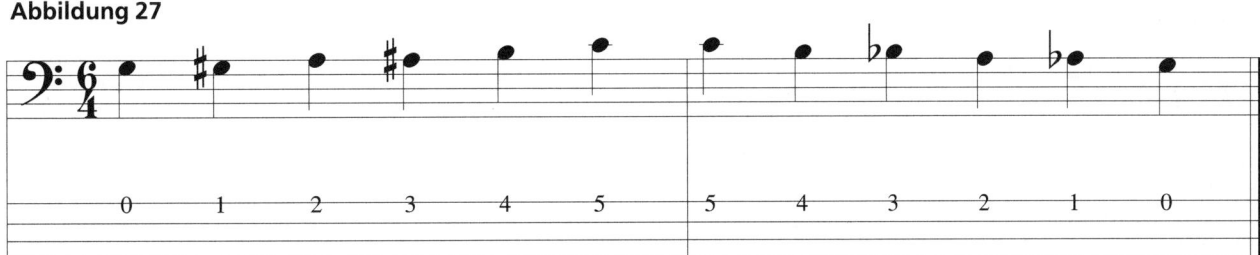

Die Töne auf der G-Saite

Die folgenden Übungen werden Dir helfen, die Töne der G-Saite kennenzulernen. Denke daran, die Finger der Greifhand immer liegen zu lassen.

Übung 7

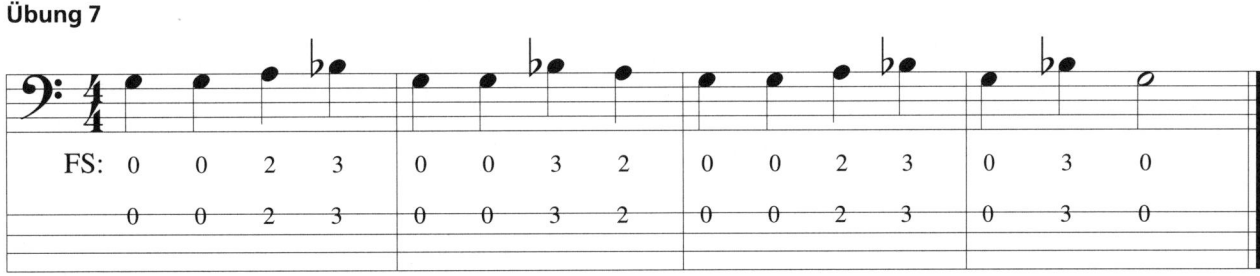

Übung 8

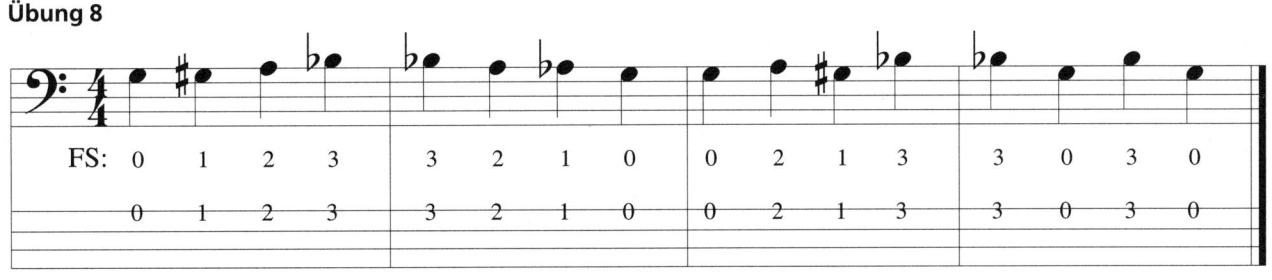

Übung 9

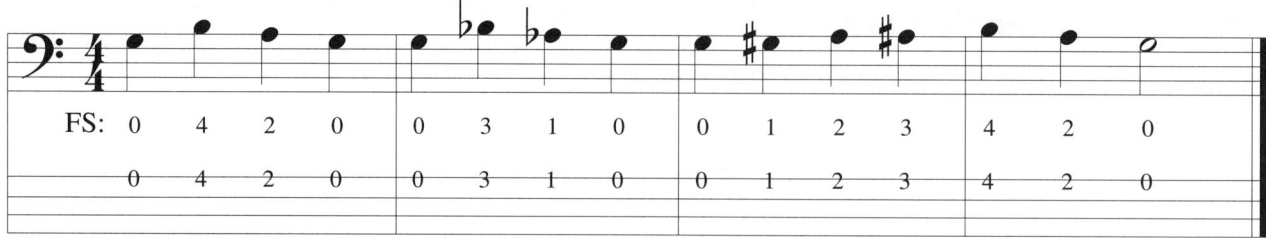

Übung 10

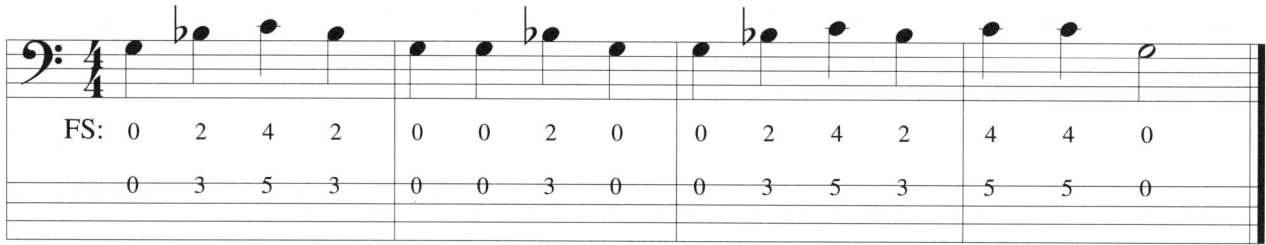

Übung 11

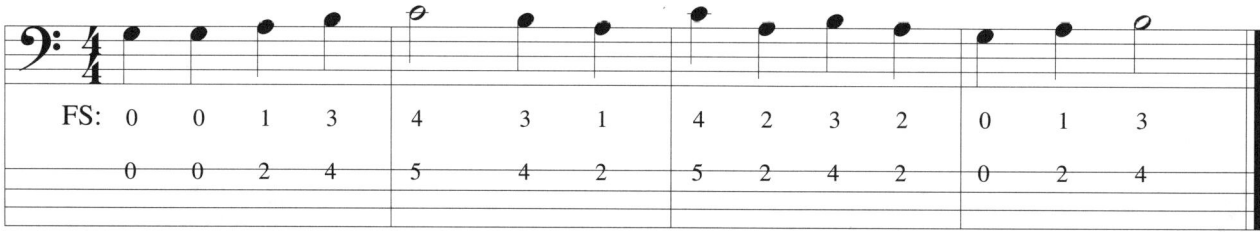

Übung 12

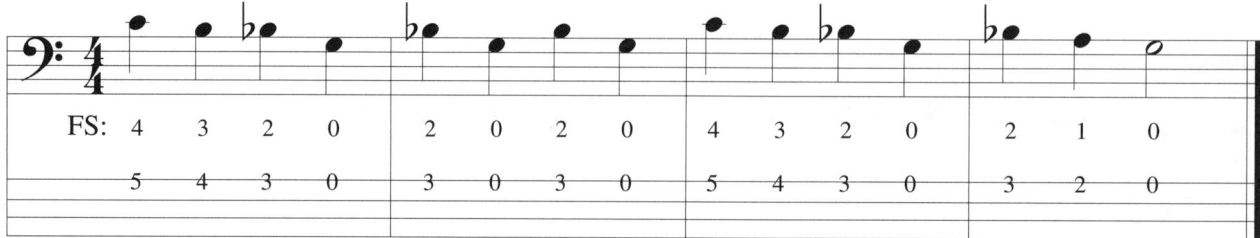

Praktisch anwenden kannst Du alles wieder im Groove Track. Ich habe für Dich zwei verschiedene Basslines notiert, die Du zum Groove Track spielen kannst.

G-String Session (Version 1)

 **Groove Track 3**

© P. Kellert / A. Lonardoni GEMA

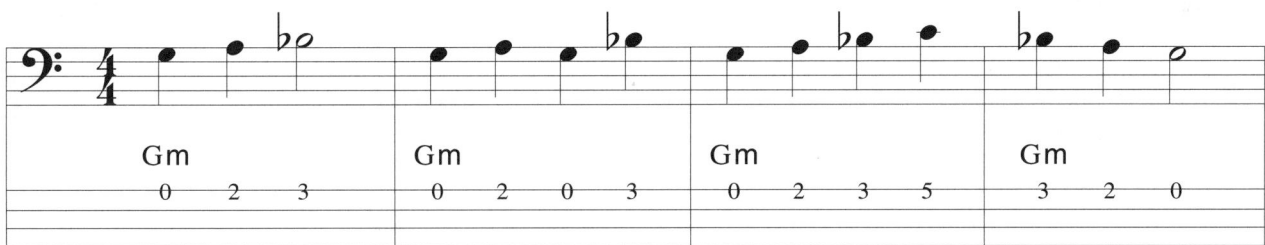

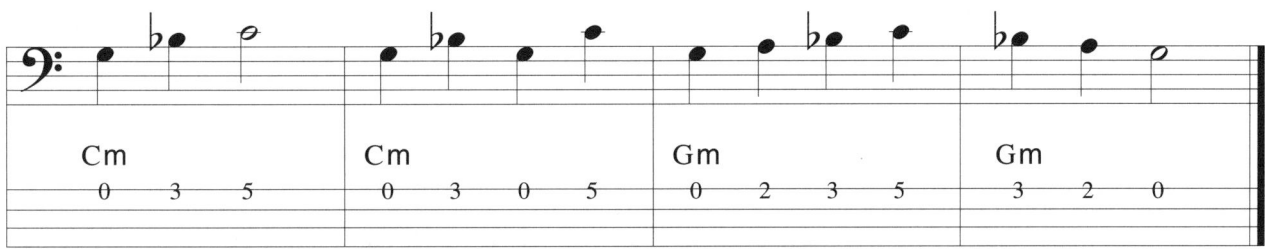

G-String Session (Version 2)

 **Groove Track 3**

© P. Kellert / A. Lonardoni GEMA

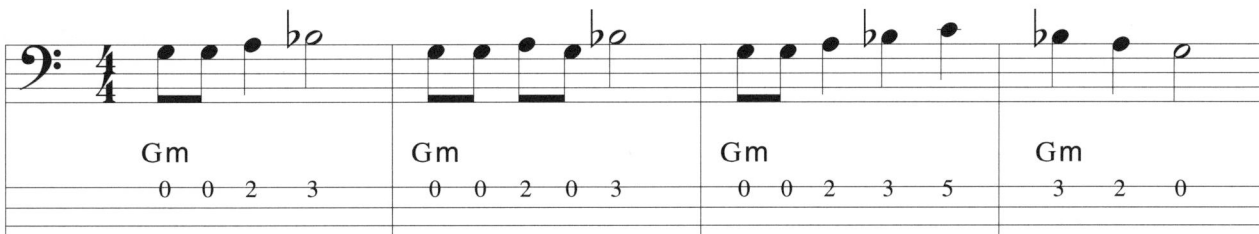

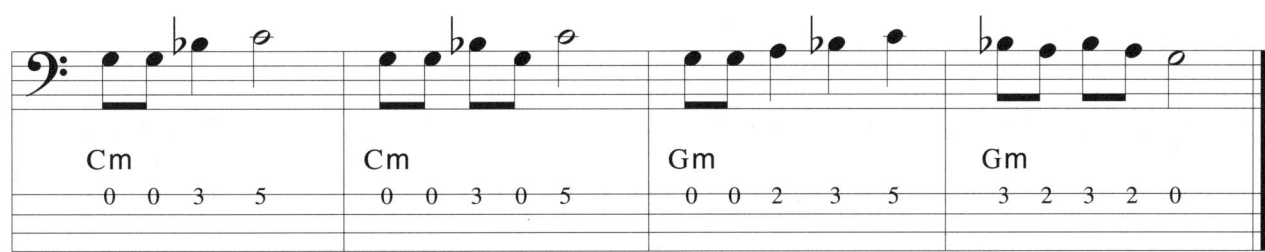

Die Töne auf der D-Saite

In der folgenden Abbildung siehst Du die Töne der D-Saite bis hoch zum fünften Bund und wieder hinunter. Beim Hinaufspielen habe ich wieder das "#" eingesetzt, beim Hinunterspielen "b". Präge Dir wie immer Namen und Position der Töne genau ein.

Abbildung 28:

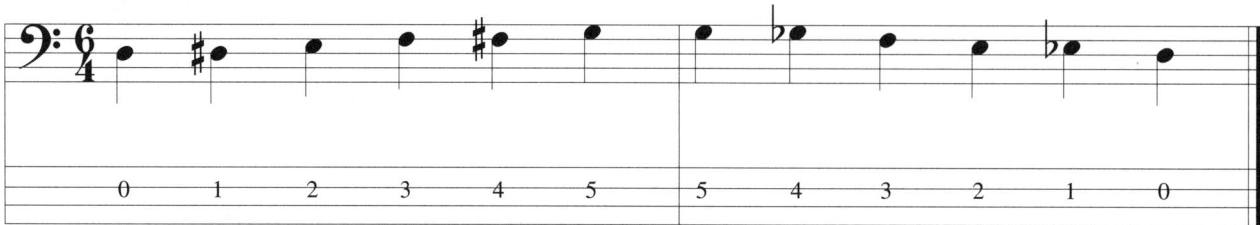

Die nächsten Übungen sind wieder zum Kennenlernen der Töne auf der D-Saite. Denke daran, die Finger der Greifhand immer liegen zu lassen.

Übung 13

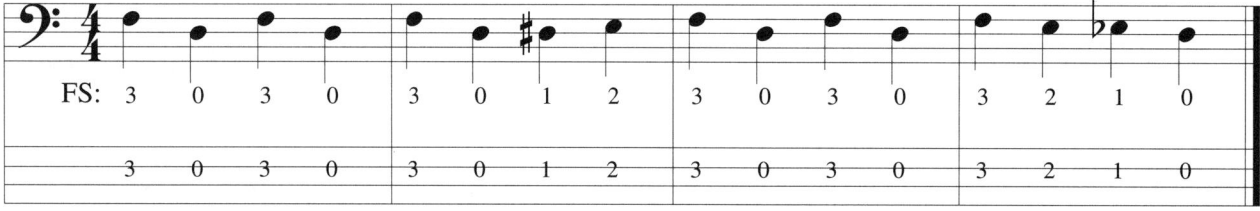

Übung 14

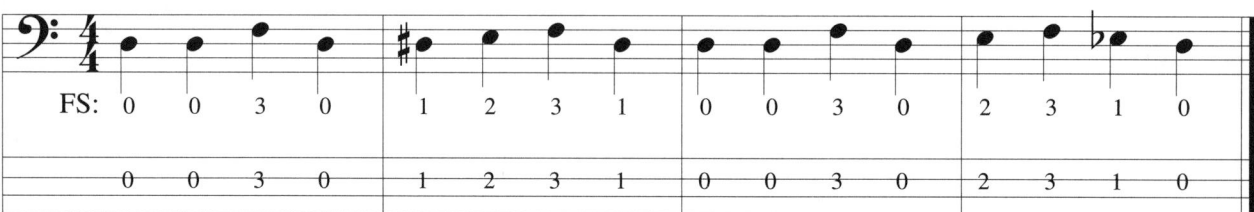

Übung 15

Übung 16

Übung 17

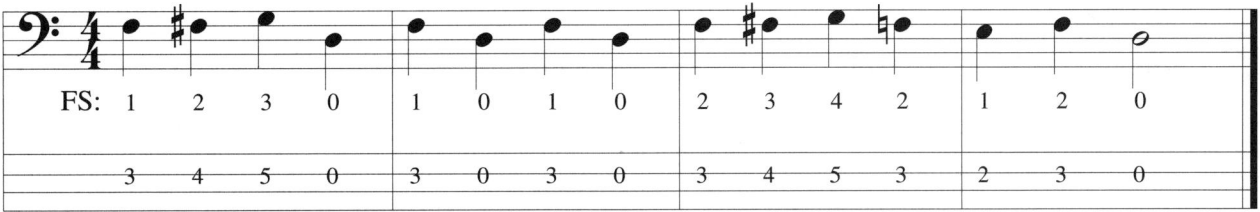

Übung 18

Für den Groove Track habe ich wieder zwei verschiedene Basslines notiert, die Du spielen kannst.

D-String Session (Version 1)

 **Groove Track 4**

© P. Kellert / A. Lonardoni GEMA

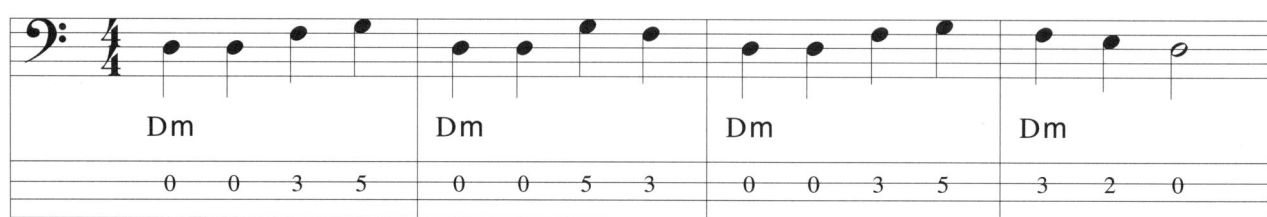

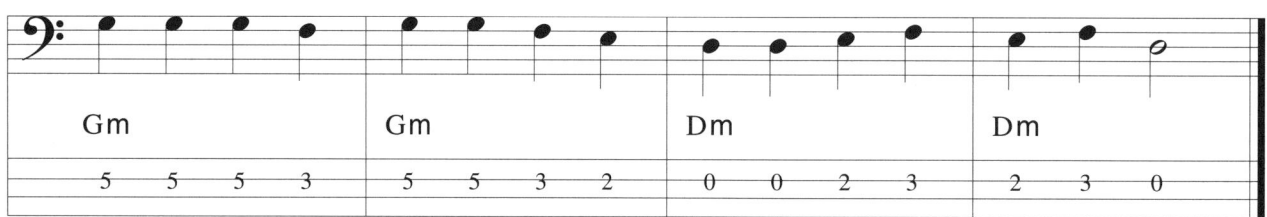

D-String Session (Version 2)

 **Groove Track 4**

© P. Kellert / A. Lonardoni GEMA

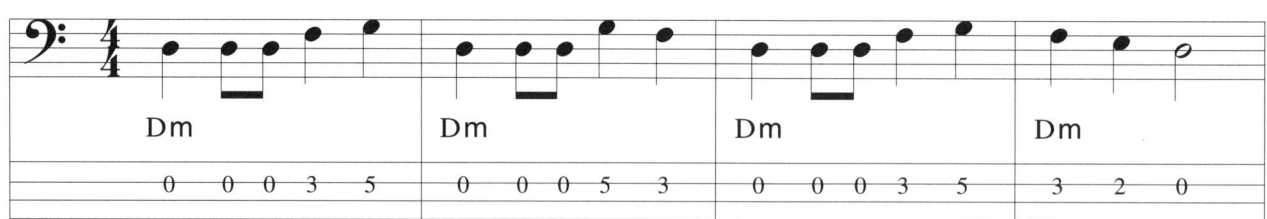

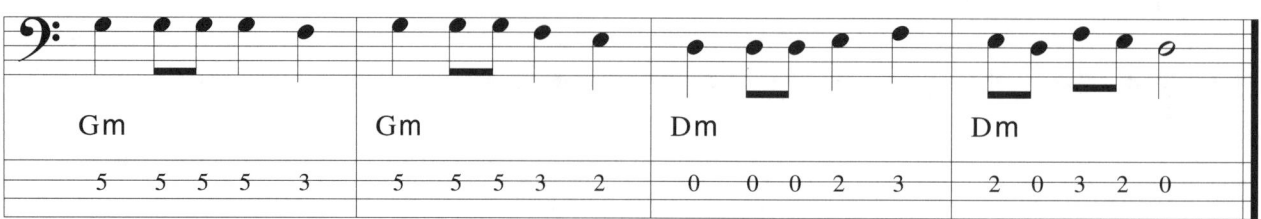

Die Töne auf der A-Saite

Weiter geht's mit den Tönen auf der A-Saite. Du weißt ja schon: Namen und Position einprägen, am besten auswendig lernen.

Abbildung 29

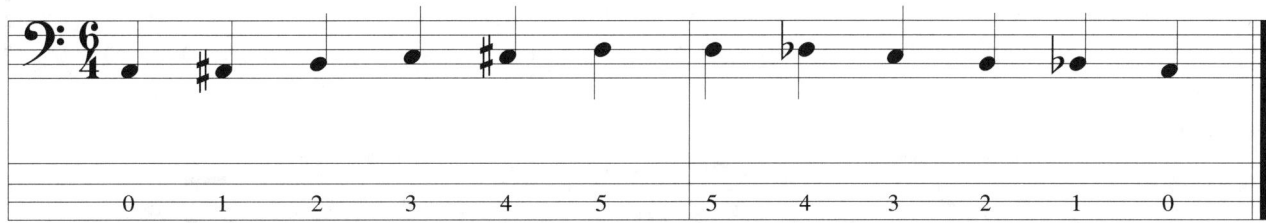

Übung macht bekanntlich den Meister. Hier die Übungen für die A-Saite.

Übung 19

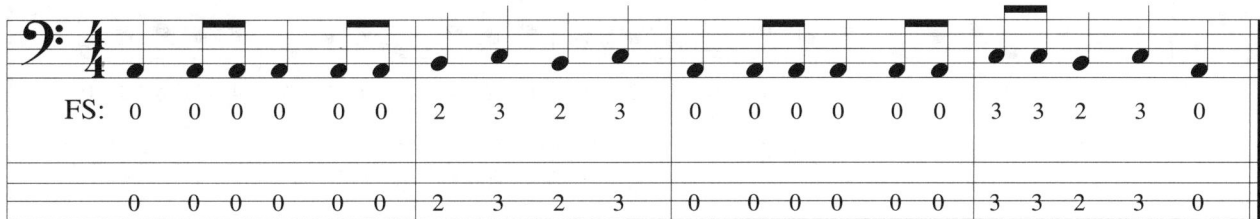

Übung 20

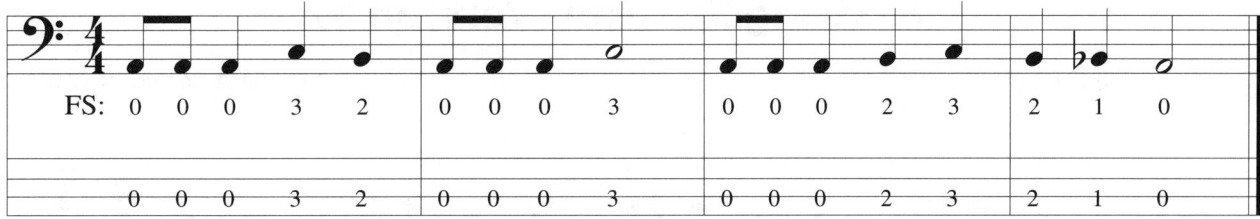

Übung 21

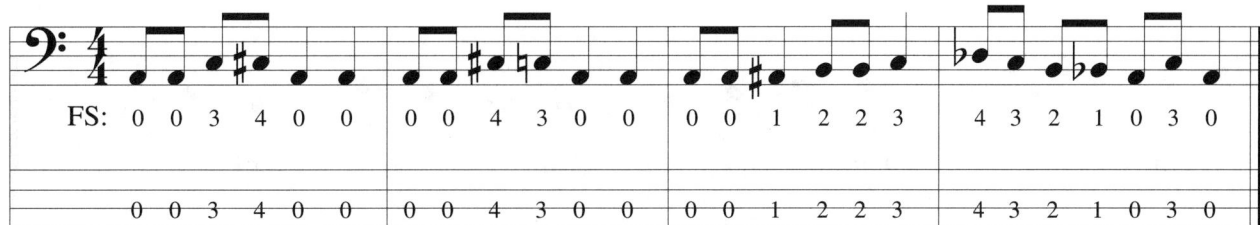

Übung 22

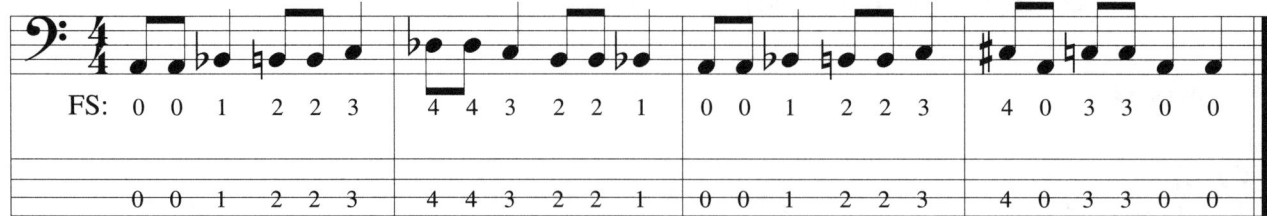

FS:	0	0	1	2	2	3	4	4	3	2	2	1	0	0	1	2	2	3	4	0	3	3	0	0

Übung 23

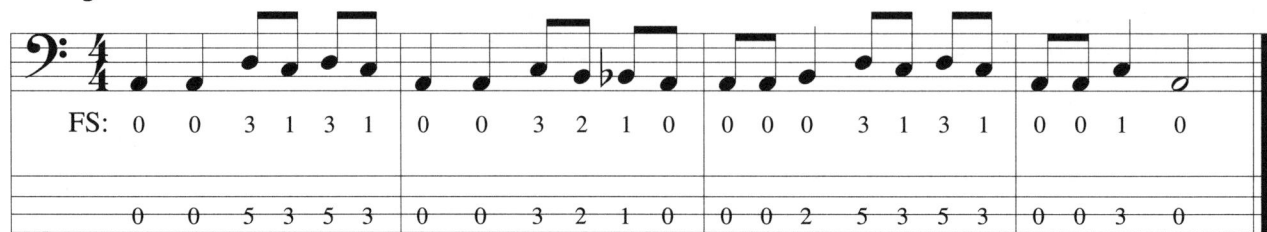

FS:	0	0	3	1	3	1	0	0	3	2	1	0	0	0	0	3	1	3	1	0	0	1	0

Übung 24

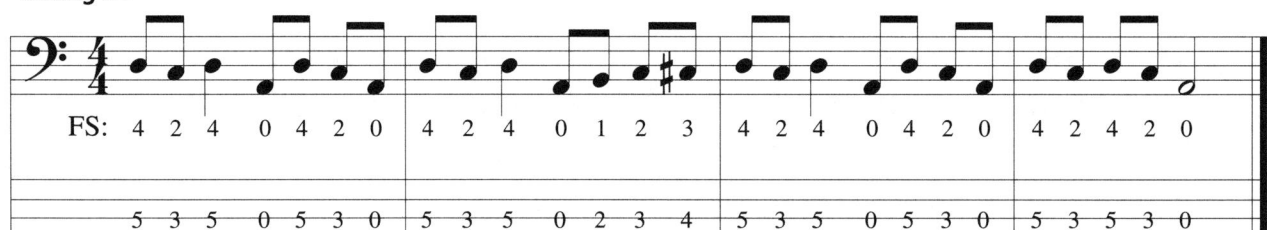

FS:	4	2	4	0	4	2	0	4	2	4	0	1	2	3	4	2	4	0	4	2	0	4	2	4	2	0

Auch diesmal gibt es zwei verschiedene Basslines, die Du zum Groove Track spielen kannst.

A-String Session (Version 1)

 **Groove Track 5**

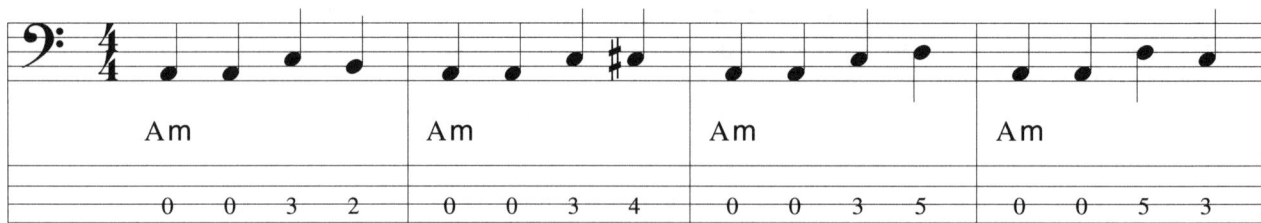

Am	Am	Am	Am

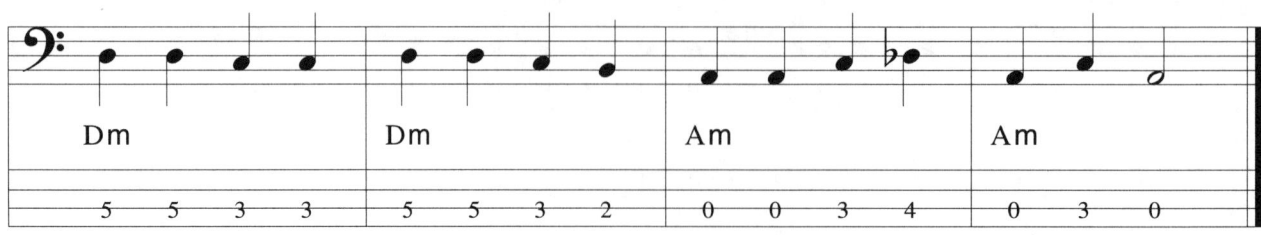

Dm	Dm	Am	Am

A-String Session (Version 2)

 Groove Track 5

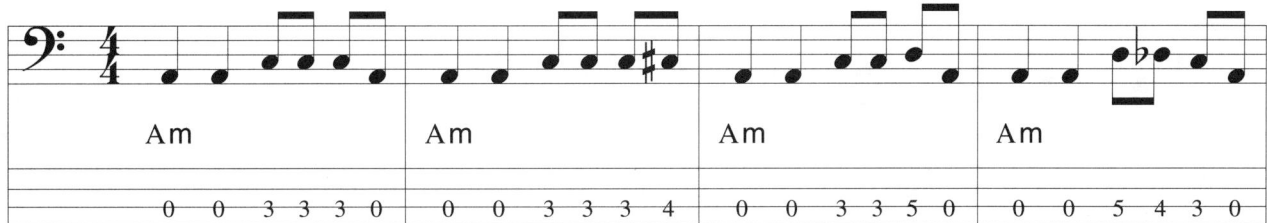

Musikarbeitsbücher mit CD

Elektrobass, Rock Classics

P. Kellert, A.Lonardoni **ROCK-CLASSICS BASS & DRUMS 1** Play Along Songbook mit CD. Die besten Rocksongs: endlich für die Rhythmusgruppe. Play with the Band: Mit Songs von *Free, Deep Purple, J. J. Cale, Eric Burdon, Van Halen, Chuck Berry, Lynyrd Skynyrd, Carlos Santana, Rolling Stones u.a.* Die kompletten Noten für Bass und Drums. Noten, TAB, Licks, Tricks, Spieltips, Equipment. 110 Seiten, 22,90 Euro mit CD dto. Ausgabe **GUITAR 1: 22,90**

P. Kellert, A.Lonardoni **ROCK-CLASSICS BASS & DRUMS 2** Play Along Songbook mit CD. Die besten Rocksongs: endlich für die Rhythmusgruppe. Play with the Band: Mit Songs von *Eric Clapton, Gary Moore, Guns & Roses, George Harrison, Thin Lizzy, Cream, Police, Beatles, Jimi Handrix, Steppenwolf u.a.* Die kompletten Noten für Bass und Drums. Noten, TAB, Licks, Tricks, Spieltips, Equipment. 104 Seiten, 22,90 Euro mit CD dto. Ausgabe **GUITAR 2: 22,90**

Die Töne auf der E-Saite

Zu guter Letzt nun die Töne auf der E-Saite. Und auch hier gilt: Namen und Position einprägen, am besten auswendig lernen.

Abbildung 30

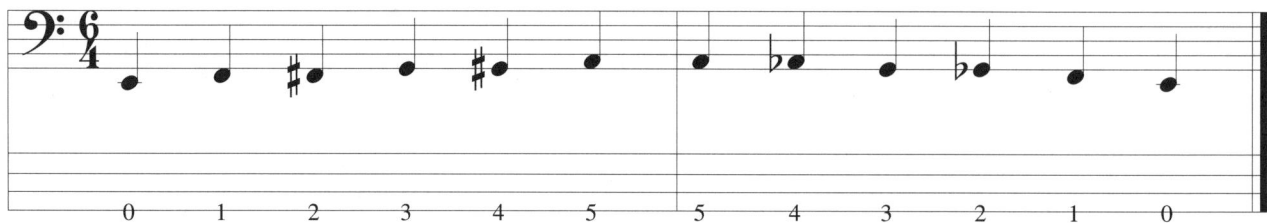

Hier die Übungen für die E-Saite.

Übung 25

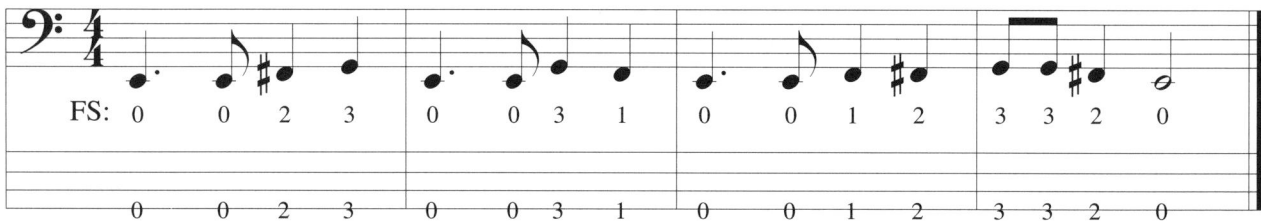

Übung 26

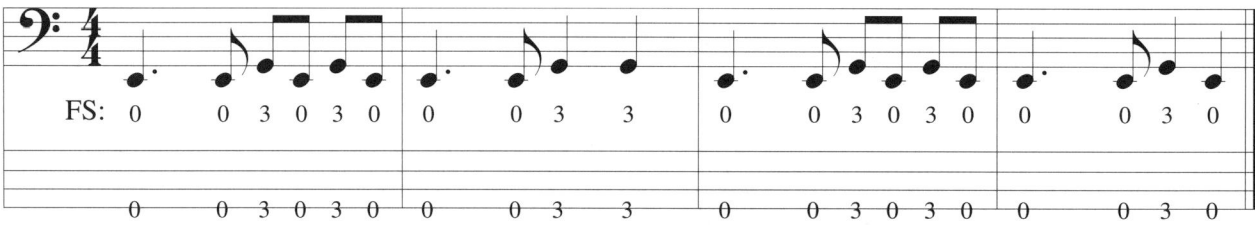

Übung 27

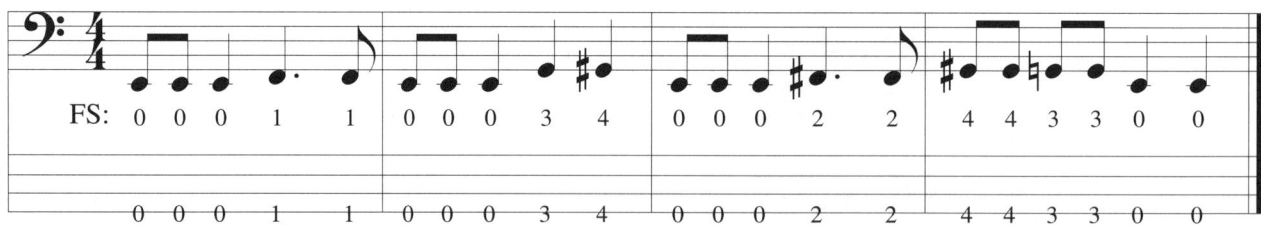

Übung 28

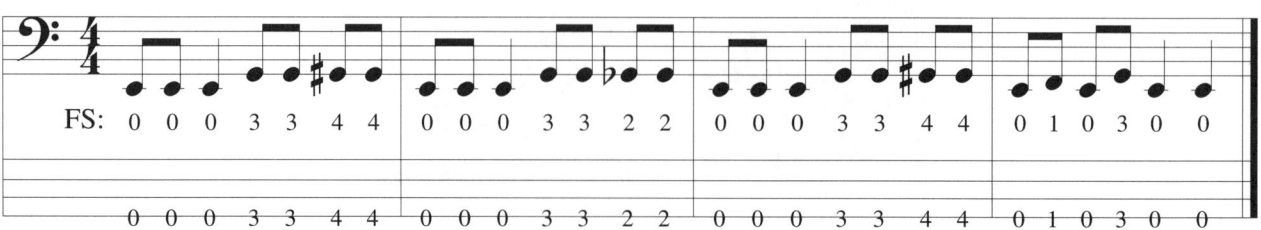

Übung 29

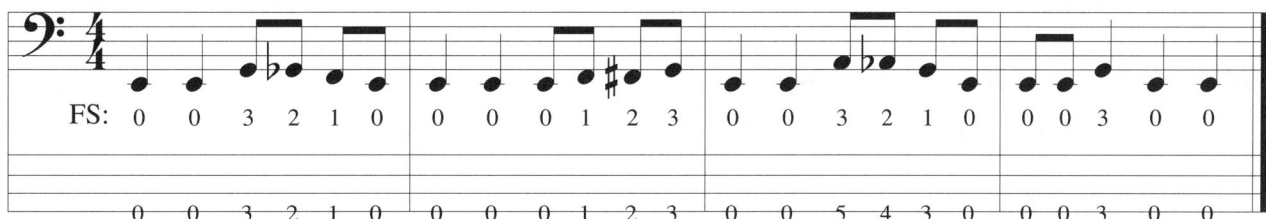

Übung 30

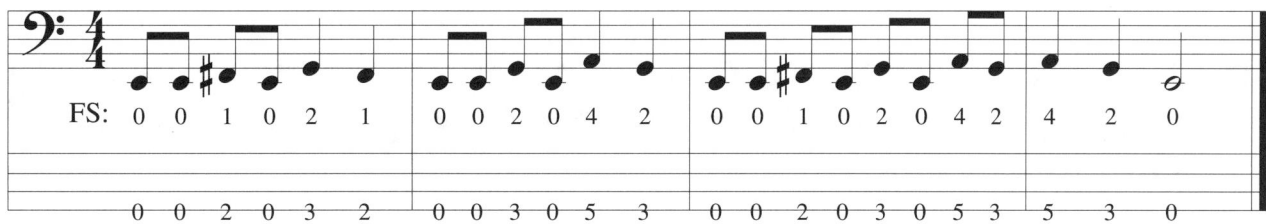

Die zwei verschiedenen Basslines kannst Du für den Groove Track spielen.

E-String Session (Version 1)

 Groove Track 6

© P. Kellert / A. Lonardoni GEMA

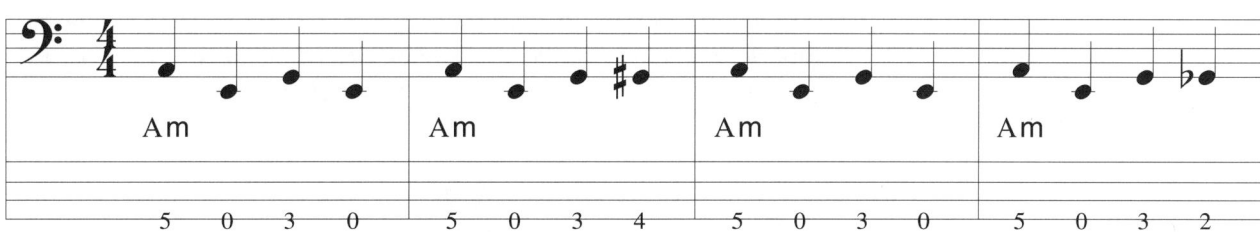

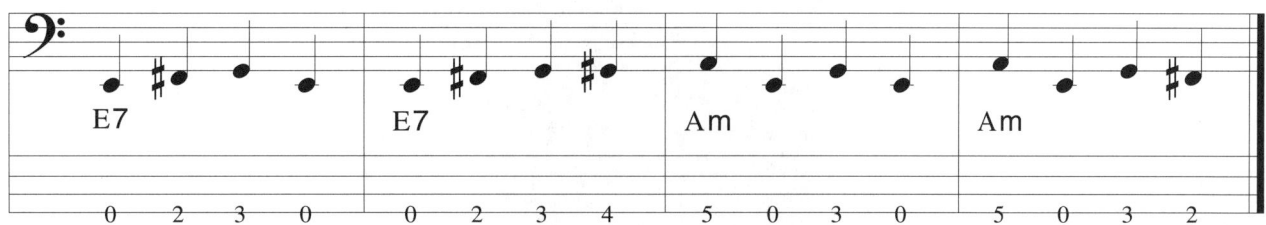

37

E-String Session (Version 2)

Groove Track 6

© P. Kellert / A. Lonardoni GEMA

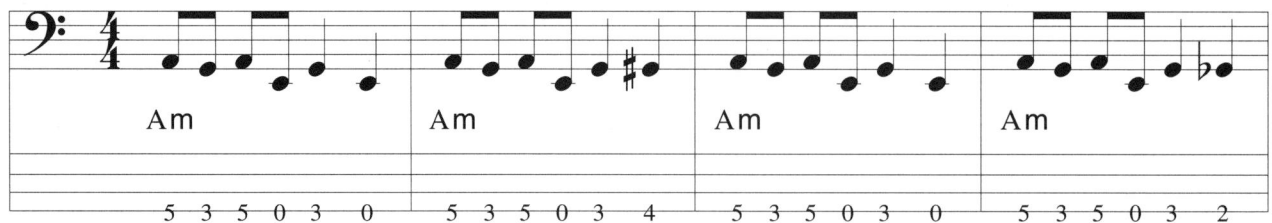

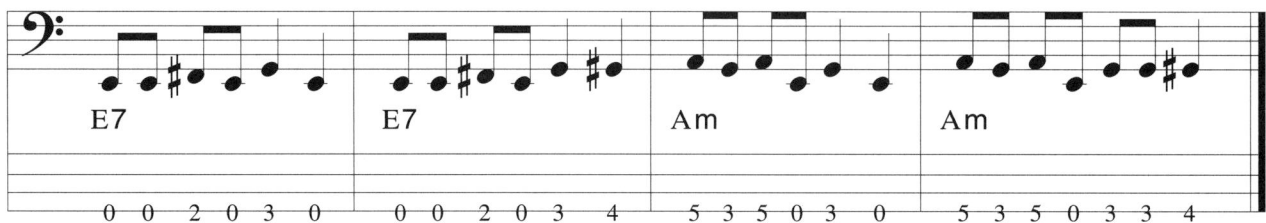

Saitenwechsel

Bisher hast Du alles immer auf einer Saite gespielt. Bei den nächsten Übungen mußt Du die Saiten beim Anschlagen wechseln. Beim Saitenwechsel passiert es oft, daß nicht gespielte Saiten mitschwingen oder beim Abziehen der Finger zu klingen beginnen. So entstehen störende Nebengeräusche, die Du vermeiden solltest. Wechselst Du von einer tiefen Saite auf eine höhere Saite, so ist das kein Problem. Der über der Saite liegende Daumen Deiner Schlaghand sollte die Töne der tiefen Saite abdämpfen.

Beim Wechseln von einer hohen auf eine tiefe Saite mußt Du die hohen Saiten mit Deiner Greifhand abdämpfen. Das geht z.B. beim Wechsel von G- auf D-Saite folgendermaßen: Den Ton auf der G-Saite greifen, anschlagen und klingen lassen. In dem Moment, wo Du zu einen Ton auf der darunterliegenden D-Saite wechselst, dämpfst Du mit der Fingerinnenfläche der Greifhand die schwingende G-Saite ab.

Hier ein paar Übungen, mit denen Du den Saitenwechsel trainieren kannst. Spiele die Übungen einmal mit dem Zeigefinger, und einmal mit dem Mittelfinger beginnend. Den Wechselschlag nicht vergessen!

Übung 31

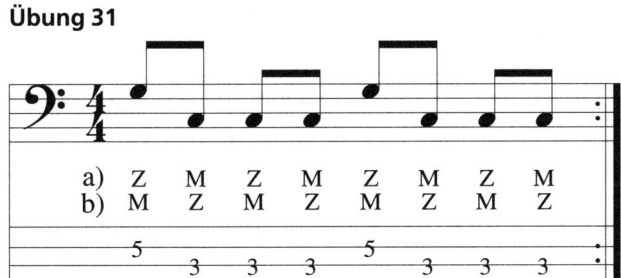

Übung 32

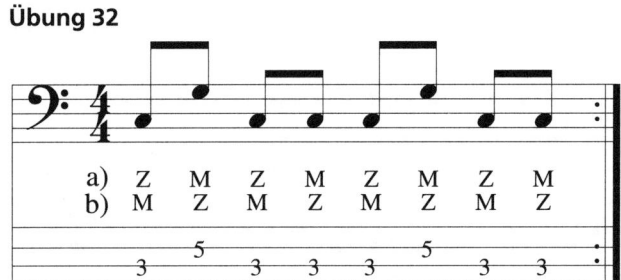

Übung 33

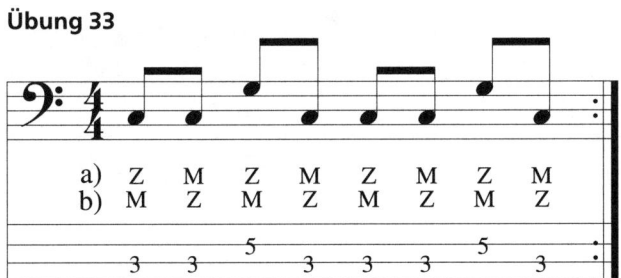

Übung 34

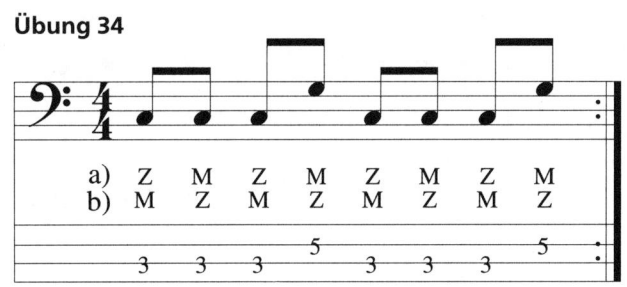

Übung 35

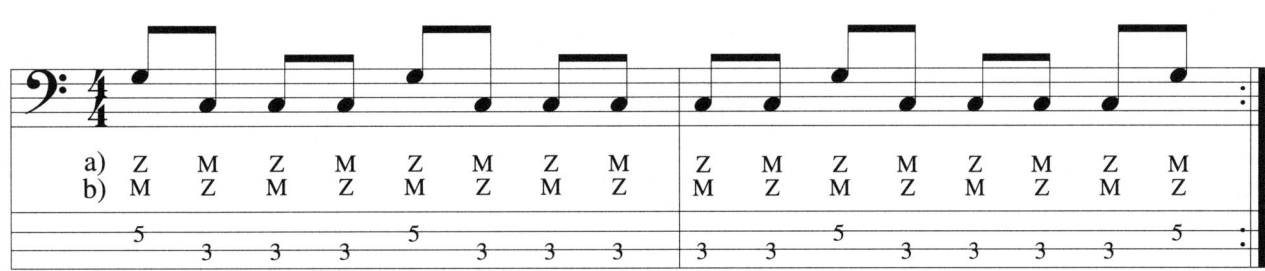

Jetzt spielst Du Deinen ersten kompletten Song. Im Play Along Song ANOTHER BLUES habe ich Dir eine Bassline notiert, die auf einem Riff basiert und bei der Du auf den Saiten wechseln mußt. Ein Riff ist eine wiederholte melodische, rhythmische oder harmonische Phrase.

Another Blues

LV 14 – PB 15   **Play Along Song 1**

© P. Kellert/A. Lonardoni GEMA

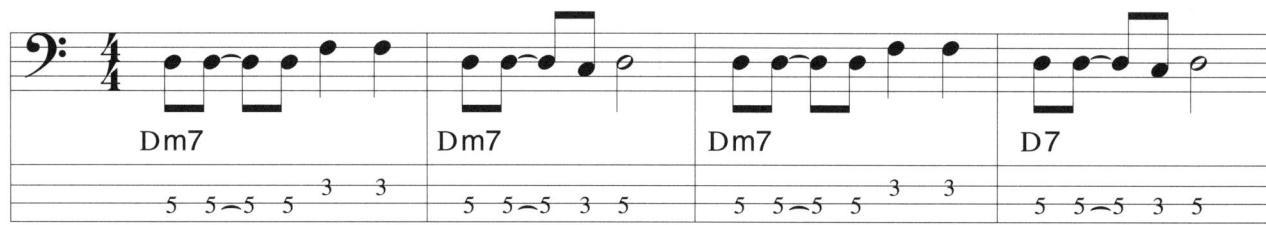

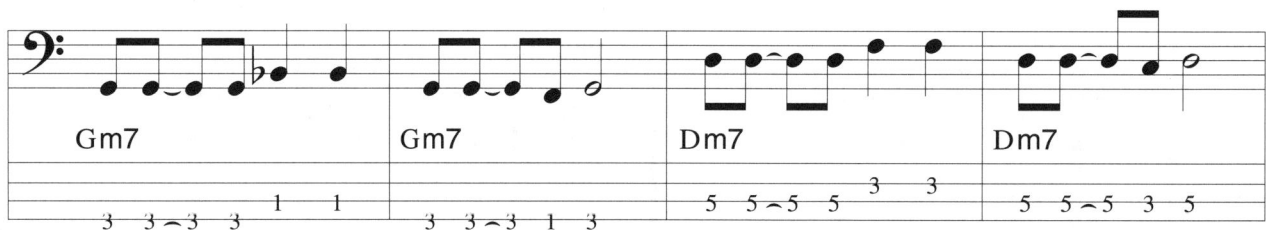

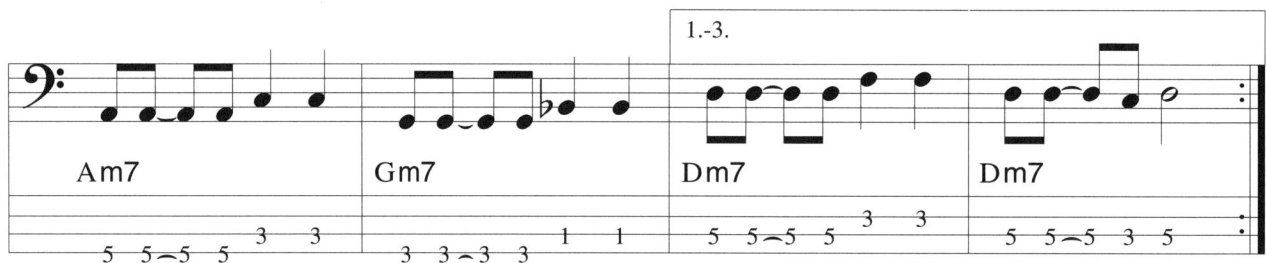

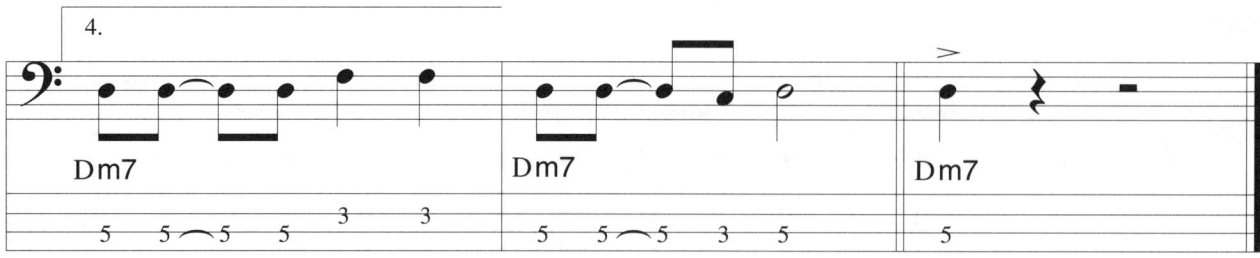

Harmonie Crashkurs

Ohne etwas Theorie geht's leider wirklich nicht. Hier kurz das Wichtigste. Im Kapitel "Harmonielehre für Bassisten" weiter hinten im Buch findest Du alles, was Du zu dem Thema wissen mußt, ausführlich beschrieben.

Intervalle

Als ein Intervall bezeichnet man den Abstand zwischen zwei Tönen. Die Intervalle helfen Dir, den Aufbau von Tonleitern und Akkorden zu verstehen. Die folgende Tabelle zeigt Dir diese Intervalle.

Abbildung 31

Akkorde

Ein Akkord ist das gleichzeitige Erklingen von drei oder mehr Tönen, die im Terzabstand (große oder kleine Terz) zueinander stehen. Man nennt das bei drei Tönen einen Dreiklang. Da die Töne gleichzeitig erklingen, werden die Töne eines Akkordes auch übereinander notiert. Entscheidend für den Klang eines Akkordes sind die Abstände (= Intervalle), die die einzelnen Akkordtöne zueinander haben. Für uns sind zunächst zwei Dreiklänge von Bedeutung.

Durakkord

Der Durakkord besteht aus großer Terz unten und kleiner Terz oben. Das Außenintervall ist eine reine Quinte.

Abbildung 32

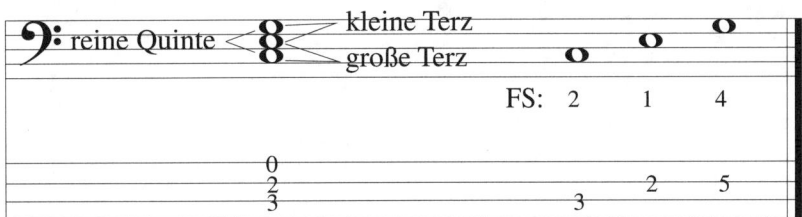

Mollakkord

Der Mollakkord besteht aus kleiner Terz unten und großer Terz oben. Das Außenintervall ist ebenfalls eine reine Quinte.

Abbildung 33:

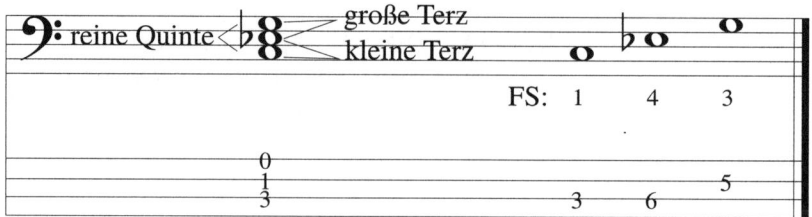

Tonleitern

Zu jedem Akkord gehört immer mindestens eine Tonleiter, die Du spielen kannst. Im Englischen nennt man diese Tonleitern Chord Scales. Kennst Du die zum Akkord passende Tonleiter, hast Du die Bausteine für Deine Bassline. Die einfachsten Tonleitern sind die pentatonischen Tonleitern.

Im Griechischen bedeutet das Wort penta "fünf". Eine pentatonische Tonleiter besteht daher immer aus fünf Tönen. Es gibt eine ganze Reihe von pentatonischen Tonleitern, für uns sind aber nur zwei von Bedeutung: Die pentatonische Durtonleiter (Durpentatonik) und die pentatonische Molltonleiter (Mollpentatonik). Präge Dir die beiden möglichen Fingersätze gut ein.

Abbildung 34

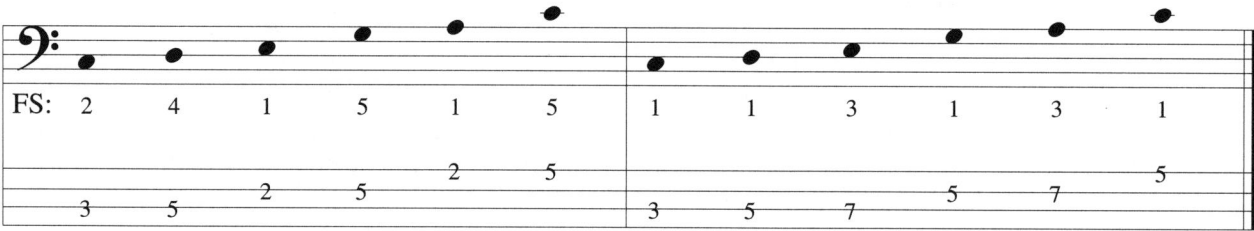

Abbildung 35

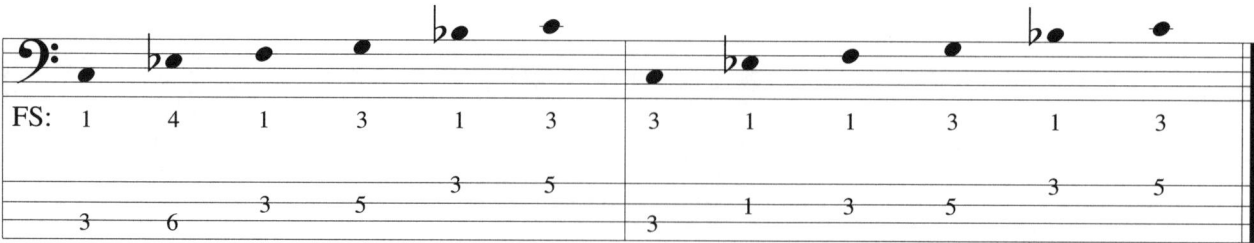

Spielt der Keyboarder einen C-Durakkord, liegst Du mit den Tönen der C-Durpentatonik richtig. Spielt der Keyboarder einen C-Mollakkord, spielst Du die Töne der C-Mollpentatonik. Neben den beiden gezeigten pentatonischen Tonleitern gibt es noch weitere Tonleitern, die zum Dur- bzw. Mollakkord passen. Zu einem Durakkord kannst Du auch die Durtonleiter spielen. Der Fingersatz ändert sich, wenn Du über Leersaiten spielst.

Abbildung 36

C-Dur Tonleiter über Leersaiten

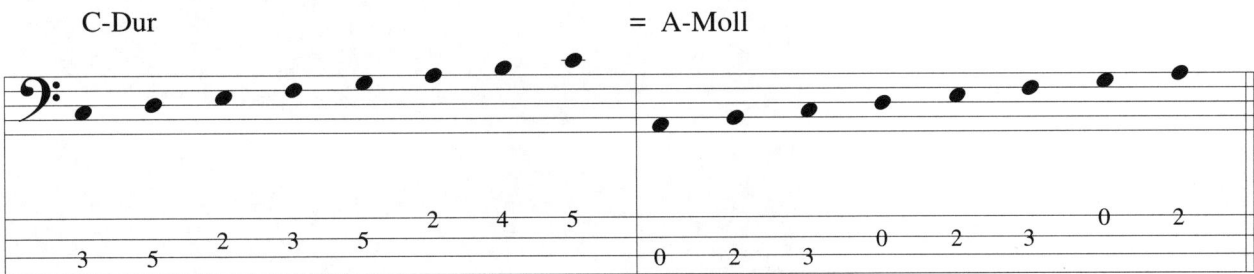

Zum Mollakkord kannst Du auch die Molltonleiter spielen. Der Fingersatz ändert sich auch hier, wenn Du über Leersaiten spielst.

Abbildung 37

C-Moll Tonleiter über Leersaiten

Parallele Molltonleitern

Jede Durtonleiter hat eine parallele Molltonleiter, das heißt, sie bestehen aus denselben Tönen. Die parallele Molltonleiter findest Du immer, wenn Du von der entsprechenden Durtonleiter eine kleine Terz nach unten gehst. Die parallele Molltonleiter zu C-Dur ist dann A-Moll.

Abbildung 38

C-Dur   = A-Moll

Weiter hinten im Buch, im Kapitel Akkorde & Tonleitern, habe ich eine Vielzahl von Akkorden beschrieben und deren passende Tonleitern nebst Fingersätzen notiert.

Griffmuster

Auf dem Bass hast Du einen großen Vorteil gegenüber vielen anderen Instrumenten: Das Griffmuster bleibt immer gleich.

Unter einem Griffmuster versteht man den Fingersatz, mit dem Intervalle, Tonleitern oder die Töne von Akkorden gegriffen werden. Hier ein kleines Beispiel. Spielt der Keyboarder einen C-Durakkord, liegst Du mit den Tönen der C-Durpentatonik absolut richtig. Spielt der Keyboarder einen D-Durakkord, rutschst Du einfach zwei Bünde nach oben und spielst den Fingersatz der Durpentatonik. Schon hast Du die D-Durpentatonik gespielt, die zum D-Durakkord paßt.

Abbildung 39

C-Dur Pentatonik   D-Dur Pentatonik

Carol Caye: Hat auf unzähligen Hits der 60er und 70er Jahren für den richtigen Groove gesorgt.
(Photo: Bert Gerecht)

Deine Aufgabe als Bassist

Zusammen mit dem Drummer bildest Du das Fundament der Band. Der Drummer sorgt hauptsächlich für die rhythmische Grundlage des Songs. Du unterstützt durch den Rhythmus Deiner Bassline diese Grundlage und legst mit den Basstönen das harmonische Fundament des Songs. Bass und Bassdrum müssen dabei eine Einheit sein, da sie das Zentrum des Grooves bilden. Der Drummer spielt in der Regel die Akzente Deiner Bassline mit der Bassdrum mit. Für die meisten Songs tut es eine simple aber eingängige Bassline, zusammen mit einem einfachen Drumgroove.

Grundtonbegleitung

Die einfachste Möglichkeit, einen Song zu begleiten ist, nur den Grundton des Akkordes zu spielen. Hierbei kannst Du aber nur durch rhythmische Variationen versuchen, Deine Bassline abwechslungsreich zu gestalten. Im folgenden Groovetrack siehst Du, wie Du das machen kannst.

16 Groove Track 7   **Slow Song #1**   © P. Kellert / A. Lonardoni GEMA

Wechselbass Um die Bassline etwas interessanter zu gestalten, kannst Du zusätzlich zum Grundton noch die Quinte (siehe Intervalle) des Akkordes verwenden. Man nennt diese Art der Songbegleitung Wechselbass. Im folgenden Groovetrack spielst Du einen Wechselbass.

(17) **Groove Track 8**

Slow Song #2

© P. Kellert / A. Lonardoni GEMA

Akkordbegleitung

Eine Begleitung, die nur aus den Tönen der jeweiligen Akkorde besteht, nennt man eine Akkordbegleitung. Hierbei werden die Akkordtöne nacheinander gespielt. Spielst Du Akkordtöne nacheinander, so nennt man das ein Arpeggio. In der folgenden Übungen zeige ich Dir, welche Möglichkeiten Du hast. Hier als Beispiel einige Möglichkeiten der Akkordbegleitung für einen C-Durakkord.

Übung 36

Übung 37

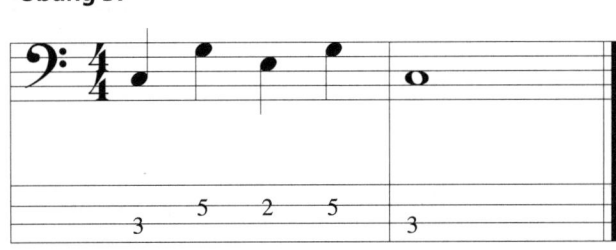

Übung 38

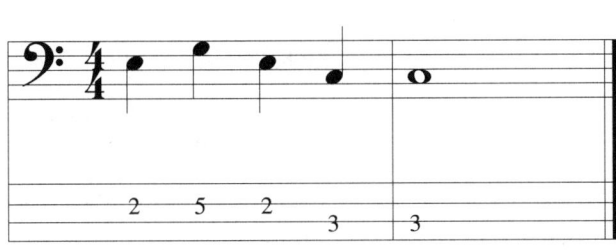

Übung 39

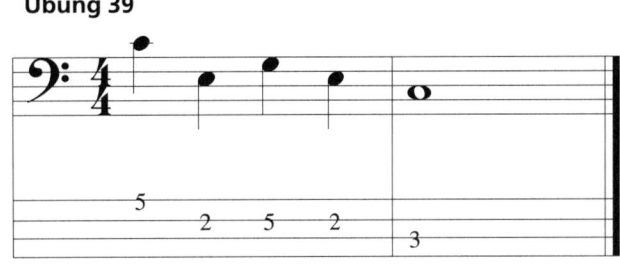

Übung 40

Hier ein paar Möglichkeiten für eine Akkordbegleitung zu einem Mollakkord.

Übung 41

Übung 42

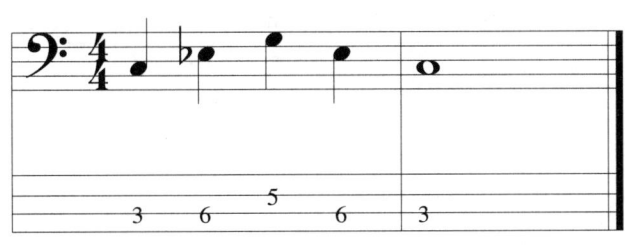
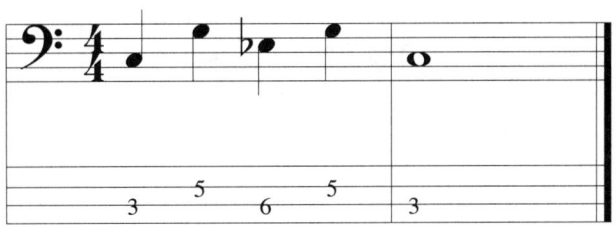

Übung 43

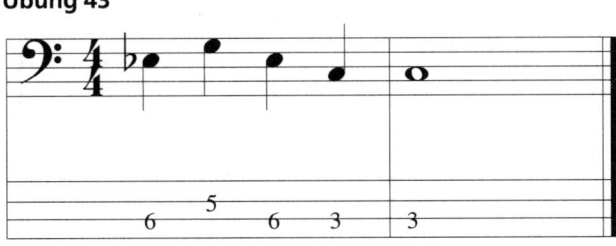

Übung 44

Übung 45

Im nächsten Groovetrack kannst Du die Akkordbegleitung praktisch anwenden. Spiele auf den ersten Schlag im Takt <u>immer</u> den Grundton des Akkordes.

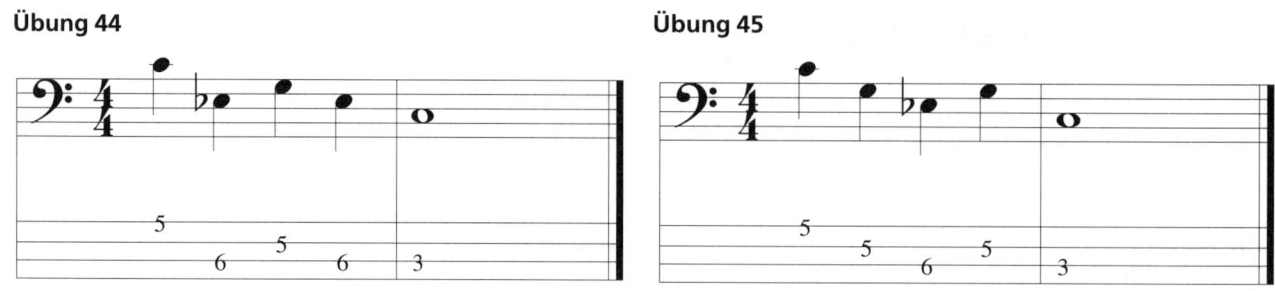

(18) Groove Track 9

Slow Song #3

© P. Kellert / A. Lonardoni GEMA

Francis Buchholz
BASS MAGIC (MIT CD)

So wirst Du ein gefragter Bassist
auf der Bühne und im Studio:
Die Erfolgsstrategie für alle Einsteiger und Fortge-
schrittenen. Francis Buchholz zeigt, worauf es ankommt:
Basics für Bassisten, Hits zum Mitspielen, Basslines
komponieren. Basslines tunen, Equipment, Special
Effects, Spieltechnik, TAB.
70 min-CD mit 99 Takes: Basslines, Übungen und Songs
zum Hören und Mitspielen (mit Live-Band).

ISBN 3-928825-27-5, 120 S.,
Fotos, mit CD

Peter Kellert/Andreas Lonardoni
ROCK CLASSICS
BASS & DRUMS – BAND 1

Play Along Songbook mit CD: Play with the Band
Die besten Rocksongs in spielbaren Originalversionen.
Mit Noten für Drums und Bass, TAB, Tabellen und Spiel-
tips wird die Rhythm-Section fit und spielt Songs von Free,
Deep Purple, J.J. Cale, Eric Burdon, Van Halen, Chuck
Berry, Lynyrd Skynyrd, The Rolling Stones, Carlos Santana
u.a.
Auf der CD: Mitspielversion für Bass und für Drums, mit
einer Liveband.

ISBN 3-928825-56-9, 110 Seiten,
Fotos, mit CD

Peter Kellert - Andreas Lonardoni
ROCK CLASSICS
BASS & DRUMS – BAND 2

Play Along Songbook mit CD
Songs von Eric Clapton, Cream, Gary Moore,
Jimi Hendrix, Police, Guns 'n Roses, Thin Lizzy,
The Beatles, Steppenwolf u.a.
Auf der CD: Mitspielversionen für Bass und für Drums,
mit einer Liveband.

ISBN 3-928825-72-0, 110 Seiten, Fotos
Mit CD

Das Band-System: Die Songs der Rock Classics-Serie gibts
auch als Buch für Gitarristen, mit CD.

Andreas Lonardoni
SLAP-TECHNIK

Die Slap-Technik: So wird's gemacht.
Handhaltung, Daumenanschlag, Poppingtechnik, Dead
Notes, Hammering, Slappingtonleitern
Buch mit Begleitcassette C90 (Chrom/Stereo)

64 Seiten, Bestell-Nr. 93

Weiter geht's mit Play Along Song Nummer zwei. Lerne erst die von mir gespielte Bassline. Hast Du die sicher drauf, kannst Du Deine eigenen Experimente mit Grundtonbegleitung, Wechselbass und Akkordbegleitung starten.

LV 19 – PB 20   **Play Along Song 2**

My Song

© P. Kellert / A. Lonardoni GEMA

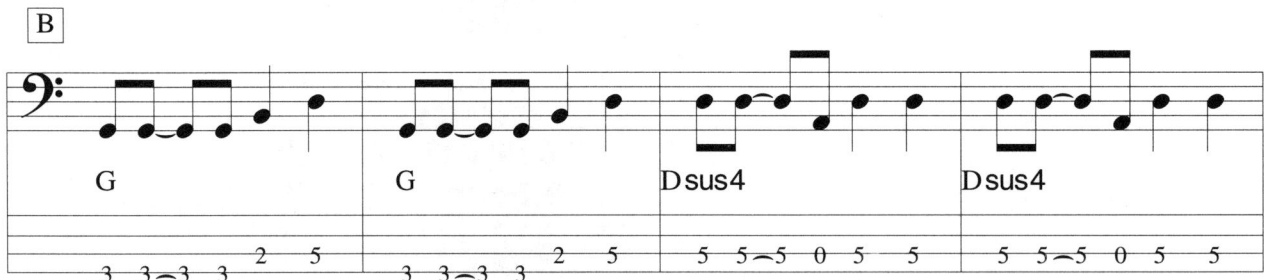

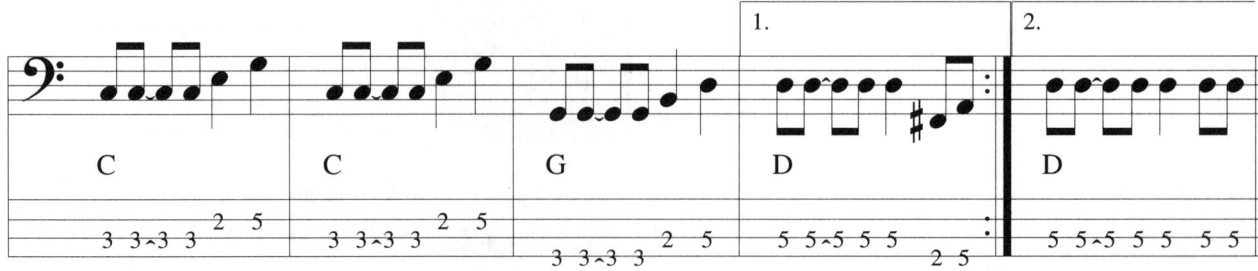

C

B Bei Wiederholung variieren

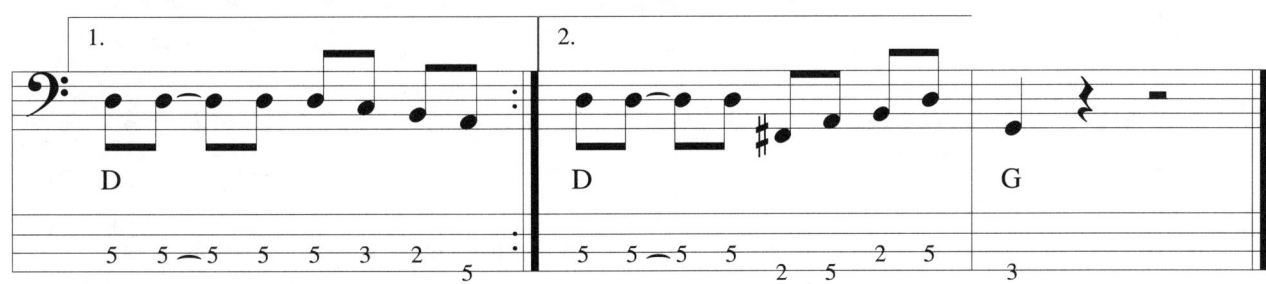

Rhythmische Übungen Teil 1

Als nächstes machen wir einige rhythmische Übungen. Hierbei ist es ganz besonders wichtig, daß Du immer mitzählst. Du zählst immer dem "kleinsten vorkommenden rhythmischen Notenwert" entsprechend mit. Ist der kleinste vorkommende Notenwert eine Viertelnote, zählst Du immer in Viertelnoten mit (1,2,3,4 usw.) Ist der kleinste vorkommende Notenwert eine Achtelnote, zählst Du immer in Achtelnoten mit (1+,2+,3+,4+ usw.). So wirst Du im Umgang mit den verschiedenen Notenwerten und Pausen schnell sicher.

Du kannst diese Übungen auf jedem beliebigen Ton Deines Basses spielen. Du bist also nicht gezwungen diese auf dem Ton "D", wo sie notiert sind, zu spielen. Falls Du mehr rhythmische Übungen machen willst, brauchst Du nur das Buch auf den Kopf zu stellen. Schon hast Du doppelt soviele Übungen. Laß' Dein Metronom immer mitlaufen und beginne die Übungen nicht zu schnell.

Übung 46

Übung 47

Übung 48

Übung 49

In die folgenden rhythmischen Übungen werden wir Haltebögen und punktierte Noten mit einbeziehen. Denke daran, daß nur die Note am Anfang des Haltebogens angeschlagen wird. Die zweite Note wird "nur" gezählt.

Übung 50

Übung 51

Übung 52

Übung 53

3. Bass Session

In diesem Kapitel werde ich Dich mit dem Aufbau von Basslines vertraut machen. Nachdem Du die grundlegenden Dinge über Basslines erfahren hast, lernst Du mit Übungen, Groove Tracks und Play Along Songs, alle gängigen Stilistiken zu begleiten.

Wie komponiere ich eine Basslinie ?

Hier einige Regeln, die beim "Komponieren" von Basslines zu beachten sind.

1. Deine Aufgabe als Bassist besteht darin, das harmonische Fundament des Songs zu liefern. Das schaffst Du am besten durch **tiefe Töne.** Hohe Töne kommen zwar auch in Basslines vor, doch das ist eher die Ausnahme..

2. Deine Bassline steht und fällt mit der **Wahl der Töne.** Versuche auf den ersten Schlag im Takt immer den Grundton des Akkordes zu spielen. Nicht alle Töne einer Chord Scale, also der zum Akkord passenden Tonleiter, klingen zwangsläufig gut für eine Bassline. Meistens klingen die Töne etwas "schräg", die einen Halbton neben einem Akkordton liegen. Lasse letztendlich aber immer Dein Ohr entscheiden, ob ein Ton paßt oder nicht.

3. Weniger ist mehr. Nicht die Menge der Töne macht eine gute Bassline aus. Nicht jedesmal, wenn sich die Chance bietet, mußt Du mit einem ausgeklügelten Basslick glänzen. Eine gute Bassline zeichnet sich dadurch aus, daß Du alles Unnötige wegläßt und nur das Wichtigste spielst.

4. Der **Stil des Songs** ist entscheidend. Du spielst bei einer Ballade eine andere Bassline als in einer schnellen Funknummer.
Unsere ganze Musik besteht letztendlich nur aus zwölf Tönen, doch jede Art von Musik hat bestimmte eigene Merkmale, die oft in der Rhythmik und im Bass liegen. So wird eine Jazzbassline eher aus Viertelnoten, eine Rockbassline meistens mehr aus Achtelnoten und eine Funkbassline oft aus Sechzehntelnoten bestehen.

5. Zusammen mit dem Drummer sorgst Du für das rhythmische Fundament des Songs. Euer Zusammenspiel muß **grooven.** Das Wort "grooven" beschreibt ein Gefühl und läßt sich daher etwas schwer in Worte fassen. Hier ein Versuch: Es ist eine Kombination aus sicherem Timing, gutem Zusammenspiel, Musikalität und Spontanität. So entsteht ein intensives rhythmisches Gefühl, das einem in die Beine fährt und anmacht....

Alles klar??? Deine Bassline sollte daher rhythmisch möglichst perfekt sein. Denn je präziser und sicherer Du spielen kannst, desto eher beginnt Dein Spiel zu grooven.

Der Bass-Sound Die Art und Weise wie Du anschlägst, wo Du anschlägst, wie Du greifst und vieles mehr beeinflußt Deinen Bass-Sound. Ob der Basston hart oder weich klingt, hängt von der Stelle ab, wo Du die Saite anschlägst. Je näher Du am Hals anschlägst, umso weicher wird der Ton. Wenn Du mit Deinen Fingern Richtung Brücke wanderst, wird der Ton immer härter.

Eine vorgeschriebene Stelle, wo Du anschlagen sollst, gibt es nicht. Diese Stelle ist immer von der Art des Songs abhängig. Bei einer Rockballade solltest Du nahe am Hals anschlagen, um einen möglichst weichen und fülligen Sound zu erreichen. Spielst Du einen schnellen und rhythmischen Song, solltest Du in der Nähe der Brücke anschlagen. So ist Dein Ton knackig und trocken und jeder einzelne Ton gut hörbar.

Andreas Lonardoni
MODERN ELECTRIC BASS 2, Advanced
E-Bass-Schule, mit CD
140 Seiten, Fotos

Jack Bruce
BLUESBASS
E-Bass-Lehrbuch, mit CD
84 Seiten, Fotos

So werden Songs notiert

Leadsheet Die einfachste Form, einen Song zu notieren, ist ein Leadsheet. Hier sind Melodie, Akkorde und der grobe Ablauf des Songs notiert. Deinen Bassbeitrag mußt Du Dir selbst ausdenken.

Samba

© A. Lonardoni GEMA

Abbildung 40: Fast Latin – Leadsheet

Form: A A B A

Ausnotierte Bass-Stimme

Das Gegenstück ist die sogenannte ausnotierte Basstimme. Diese schreibt Dir exakt vor, was Du zu spielen hast und wie der Ablauf des Songs ist. In der nächsten Abbildung habe ich Dir eine Basstimme komplett ausnotiert.

Abbildung 41

Crusin To The Backbeat

© A. Lonardoni GEMA

Formteile

Jeder Song besteht aus verschiedenen Teilen, den sogenannten Formteilen, die zusammengefaßt die Form des Songs ergeben:

Intro   = Einleitung des Songs
Vers   = Strophe des Songs
Refrain   = Chorus des Songs
Bridge   = Überleitungsteil zwischen einzelnen Songteilen
Interlude = längerer Zwischenteil im Song
Coda   = Ending. Der Teil, der zum Songende führt

Formzeichen

Alle Formteile werden durch Doppelstriche voneinander abgegrenzt. So kann man die einzelnen Formteile optisch leichter unterscheiden.
Abbildung 42:

Das Ende des Songs markiert ein Doppelstrich mit fettem Balken.
Abbildung 43:

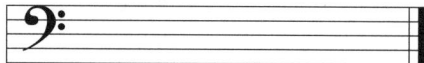

Das Haus

Wenn zwei Wiederholungen voneinander abweichen, wird über den abweichenden Teil ein Haus gesetzt. Beim ersten Mal wird Haus 1 mitgespielt, in der Wiederholung aber weggelassen und statt dessen Haus 2 gespielt.
Abbildung 44:

Da Capo (D.C.)

Ist italienisch und heißt von vorn. Du mußt, wenn Du an diesem Zeichen ankommst, das ganze Stück von vorne wiederholen. Steht beim Da Capo noch der Zusatz "al Fine", dann wird beim Fine der Song beendet.
Abbildung 45:

D.C.   *D.C. al Fine*

Dal Segno (D.S.) Ist auch italienisch und heißt "vom Zeichen an". Das Dal Segno zeigt Dir, daß Du zum Segnozeichen zurückspringen mußt, um von dort zu wiederholen. Es wird immer dann verwendet, wenn keine Wiederholungszeichen gesetzt werden sollen oder können.
Abbildung 46:

Sollen innerhalb der D.C. bzw. D.S. Teile die Wiederholungszeichen beachtet werden, so steht "con rep." dabei. Das ist die Abkürzung für "con repetitione", zu deutsch mit Wiederholung. Sollen die Wiederholungszeichen ignoriert werden, dann steht "senza rep." dabei. Das ist die Abkürzung für "senza repetitione", zu deutsch ohne Wiederholung.

Kopf- oder Codazeichen Das Kopf- oder Codazeichen verwendest Du, um einen Teil des Songs zu überspringen. Wenn Du bei dem ersten Kopf- oder Codazeichen angekommen bist (Ende Takt 1), springst Du zum nächsten Kopf (Anfang Takt 5) und spielst von dort aus weiter.
Abbildung 47:

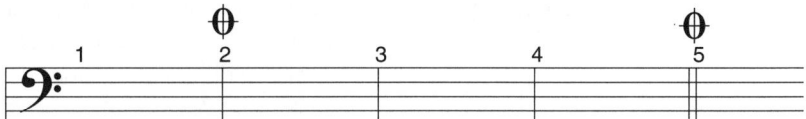

Dynamik Das ist die Veränderung von Lautstärke. Du schaffst damit Kontraste, die dazu beitragen, daß die Musik lebendig wird. Hier die wichtigsten Begriffe für dynamische Vorgänge:

cresc.	= crescendo = lauter werden
decresc.	= decrescendo = leiser werden
fade out	= langsam und gleichmäßig leiser werden bis zu vollkommener Stille.
fff (fortissimo possibile)	= so laut wie möglich
ff (fortissimo)	= sehr laut
f (forte)	= laut
mf (mezzoforte)	= halblaut
mp (mezzopiano)	= halbleise
p (piano)	= leise
pp (pianissimo)	= sehr leise
ppp (pianissimo possibile)	= so leise wie möglich

Nothing but Blues

Vielleicht fragst Du Dich, warum ich oft einen Blues als Grundlage für Groove Tracks und Play Along Songs genommen habe? Weil aus dem Blues heraus alles entstanden ist. Egal ob Pop, Rock, Heavy Metal, Soul oder Grunge: Alles hat im Blues seine Wurzeln. Wenn Du verstanden hast, wie man Blues Basslines komponiert und spielt, wird es Dir viel leichter fallen, gute Basslines in jeder anderen Stilistik zu spielen.

Bluesschema

Unter dem Begriff Bluesschema versteht man den harmonischen Aufbau des Blues. In der Regel hat der Blues eine zwölftaktige Songform. Es gibt allerdings auch andere Formen mit mehr oder weniger Takten. Das "traditionelle" Bluesschema wird aus den drei Hauptakkorden einer Tonart gebildet: **Tonika, Subdominante und Dominante**, (siehe Kapitel "Harmonielehre für Bassisten").
Im folgenden habe ich zwei Bluesschemen für einen Blues in "G" notiert. In Abbildung 48 siehst Du das Bluesschema, wie Du es schon kennst. In Abbildung 49 habe ich es etwas erweitert.

Abbildung 48:
ll G l G l G l G l C l C l G l G l D l C l G l G ll

Abbildung 49:
ll G l C l G l G l C l C l G l G l D l C l G l D ll

Walking Bass

Eine der einfachsten Möglichkeiten, einen Blues zu begleiten, ist pro Takt vier Akkordtöne möglichst gleichmäßig durchzuspielen. Dadurch bekommt die Bassline einen "marschierenden" Charakter, was im englischen als "Walking Bass" bezeichnet wird.
Im nächsten Groovetrack spiele ich nur Akkordtöne und kombiniere diese auf verschiedene Art und Weise miteinander. Versuche selbst, Dir neue Walking Basslines mit neuen Kombinationen auszudenken. Die Art von Rhythmus, mit der der Groove Track gespielt wird, nennt man **Shuffle Rhythmus.** Mehr zum Thema Shuffle Rhythmus erfährst Du weiter hinten im Buch.

Colin Hodgkinson: Nicht nur ein Meister im Spielen von Bluesbasslines. (Photo: Bert Gerecht)

Shuffle Groovin'

Groove Track 10

© P. Kellert / A. Lonardoni GEMA

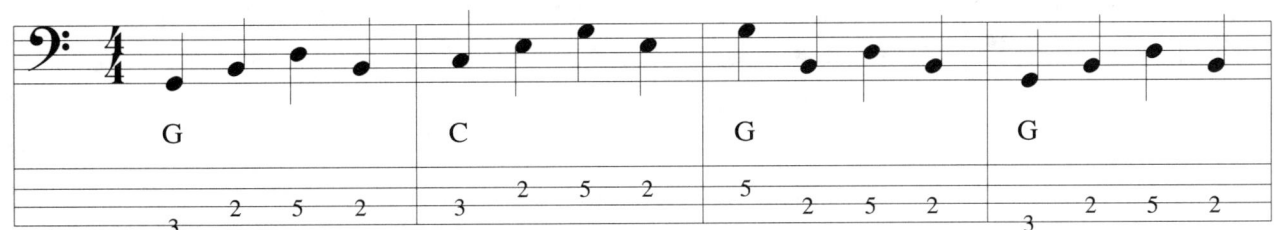

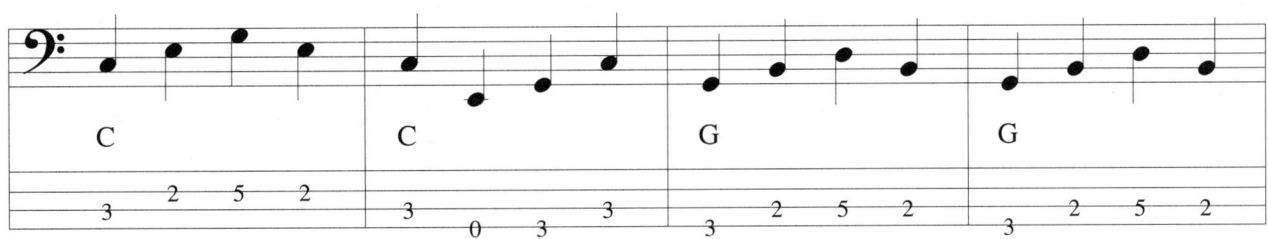

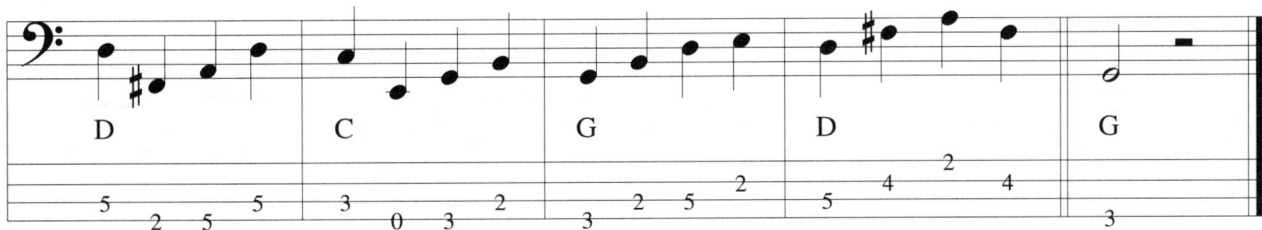

Walking Basslines sind übrigens wesentlicher Bestandteil der Bassbegleitung in der Jazzmusik. Mehr zum Thema Walking Basslines findest Du in **MODERN ELECTRIC BASS 2 - ADVANCED.**

Blue Notes   Typisch für den Blues sind auch die sogenannten Blue Notes. Es handelt sich hierbei um die beiden Intervalle **kleine Terz** (b3) und **verminderte Quinte** (b5).
Abbildung 50:

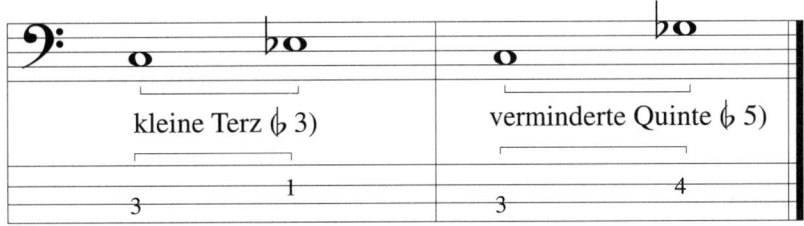

kleine Terz (♭3)   verminderte Quinte (♭5)

Mit den folgenden Übungen kannst Du die Blue Notes üben.

Übung 54

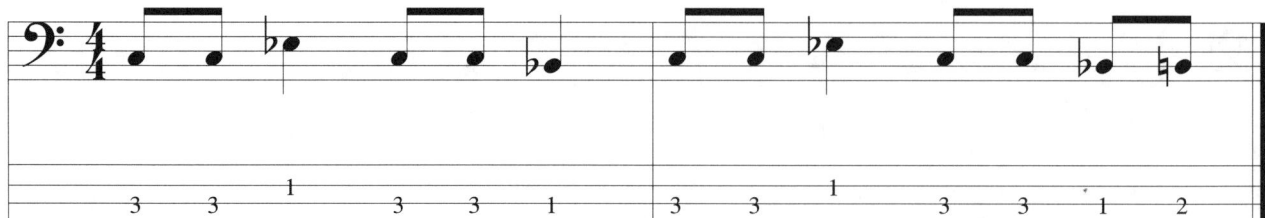

Übung 55

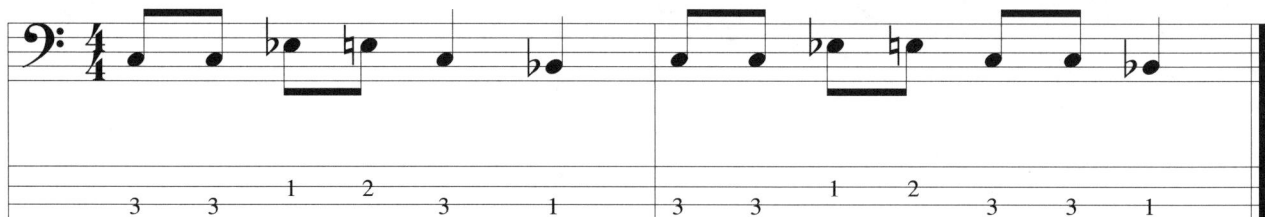

Übung 56

Übung 57

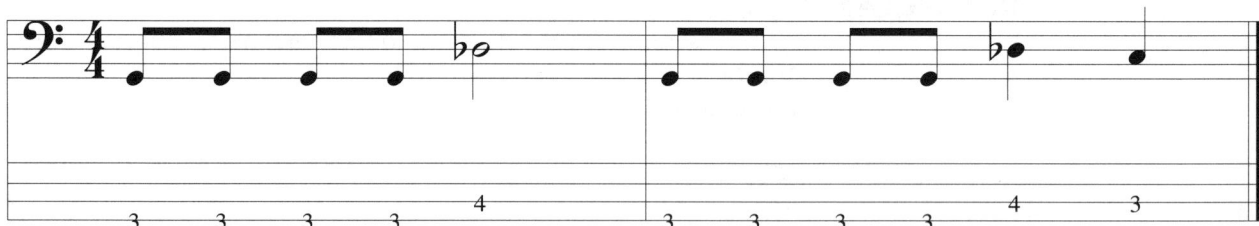

Übung 58

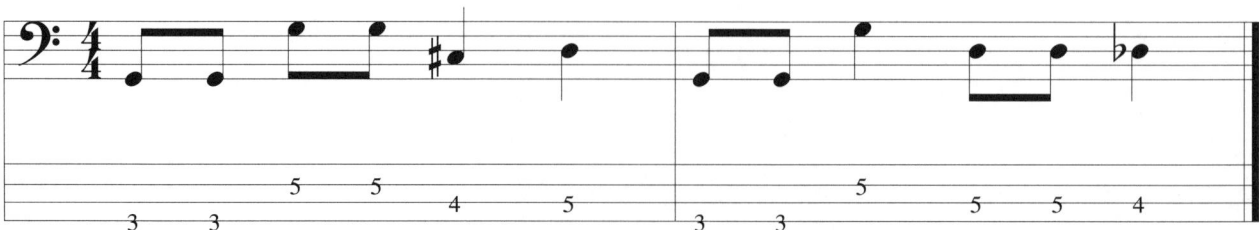

Übung 59

Die **kleine Septime** (b7) wird manchmal auch als Blue Note bezeichnet. Sie klingt zwar "bluesig", gehört aber eigentlich nicht zu den Blue Notes.

Abbildung 51:

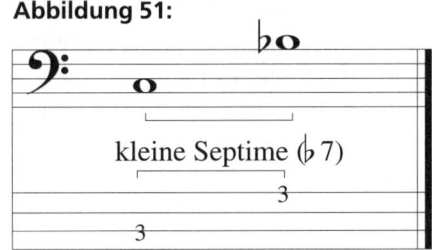

Die kleine Septime ist Bestandteil des für den Blues typischen Dominant 7 Akkords.

Abbildung 52:

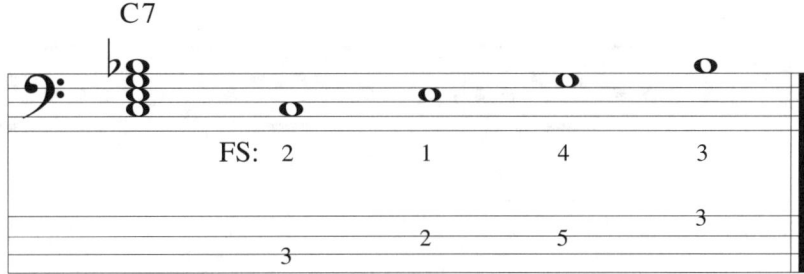

Übung 60

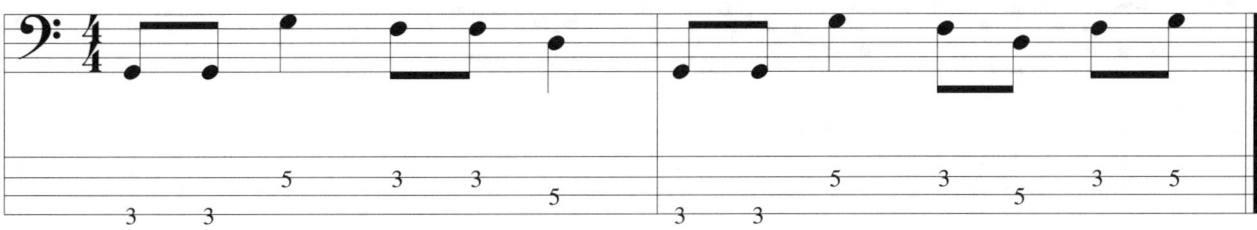

Übung 61

Übung 62

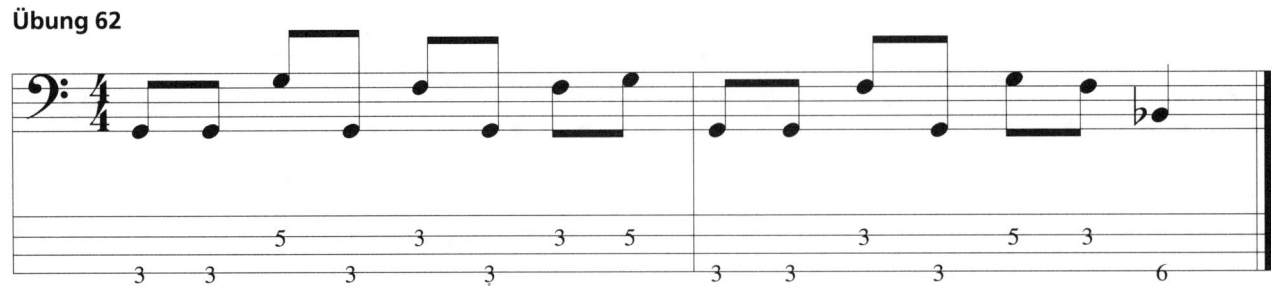

Den praktischen Einsatz der Blue Notes kannst Du im nächsten Groove Track üben. Ich habe mehrere Basslines notiert, die auf den Blue Notes basieren. Sie beginnen ganz einfach und werden immer weiter ausgebaut.

Blue Notes

 **Groove Track 11**

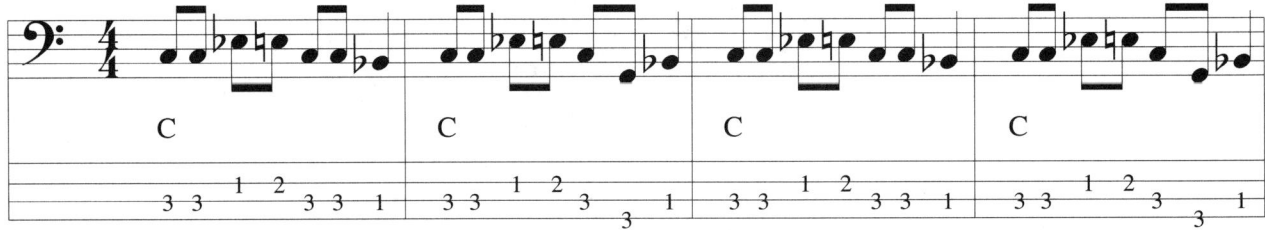

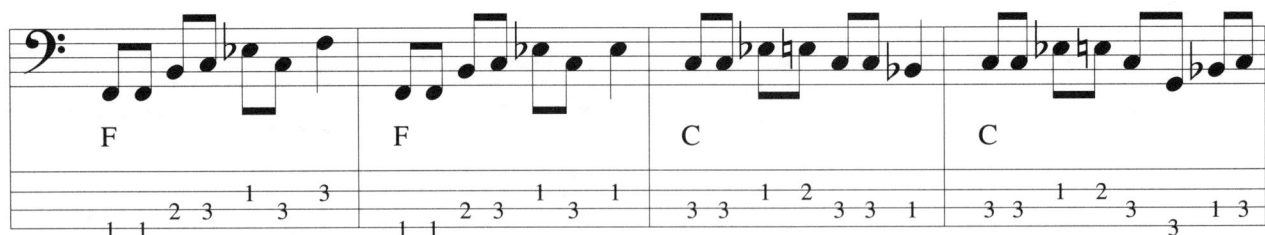

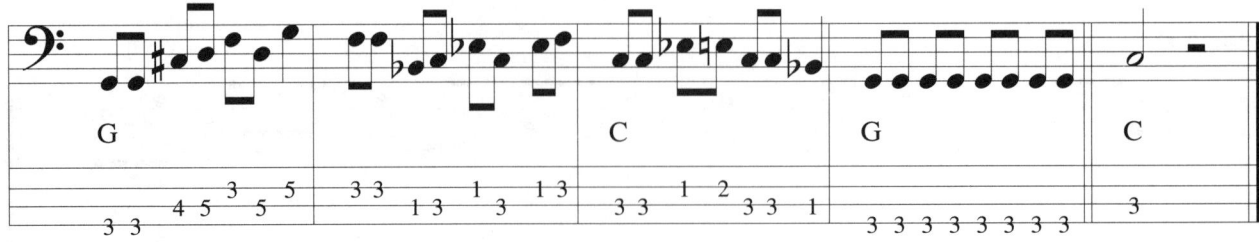

Die Bluestonleiter

Die Blue Notes sind die Töne, die der Bluestonleiter ihren eigenständigen Klang geben. Die folgende Abbildung zeigt Dir die Bluestonleiter mit dem Grundton "C".

Abbildung 53:

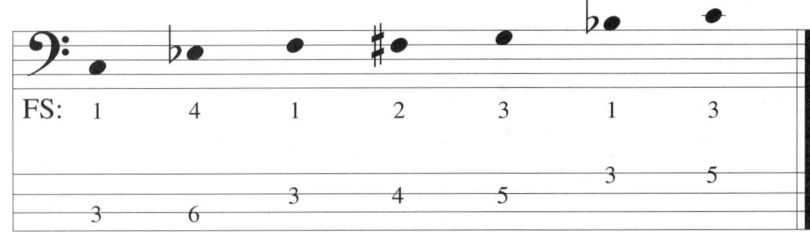

Mit den folgenden Übungen kannst Du die Bluestonleiter üben.

Übung 63

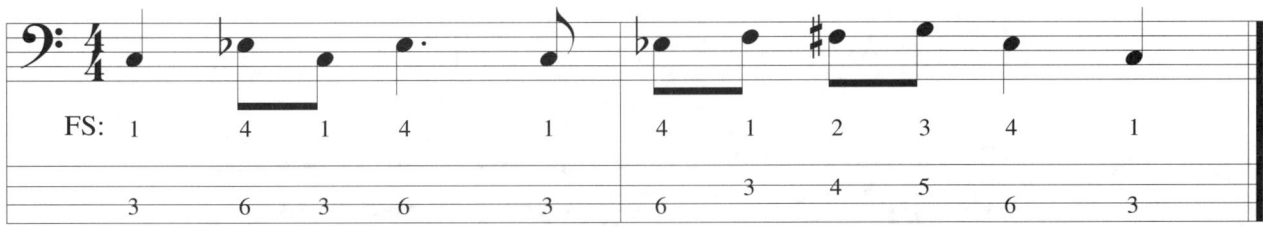

Übung 64

Übung 65

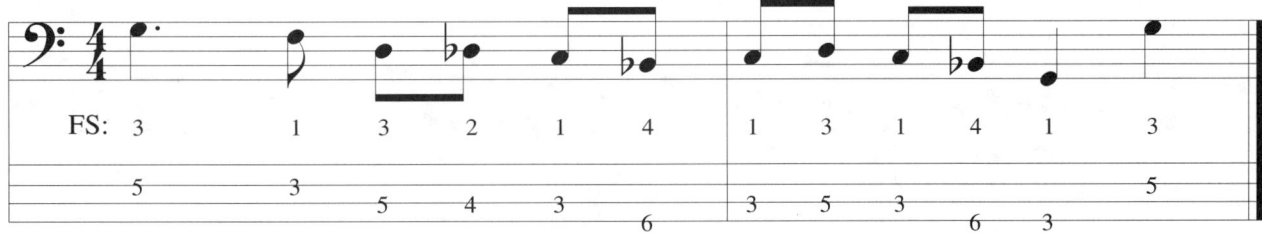

Für den nächsten Groove Track habe ich wieder zwei Basslines notiert. Sie sollen Dir als Grundlage für eigene Experimente dienen.

Blues Scale Groove (Version 1)

© P. Kellert / A. Lonardoni GEMA

Groove Track 12

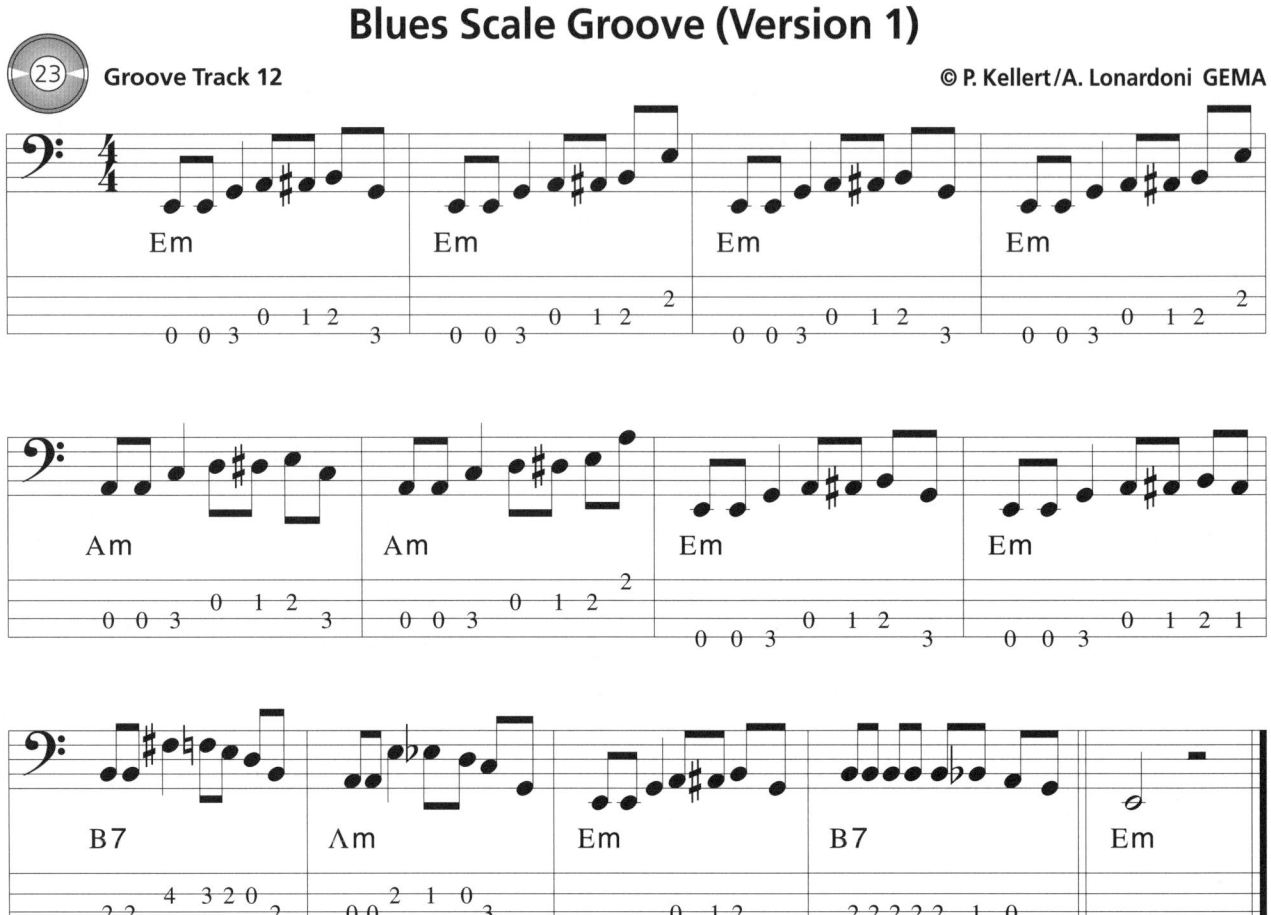

Blues Scale Groove (Version 2)

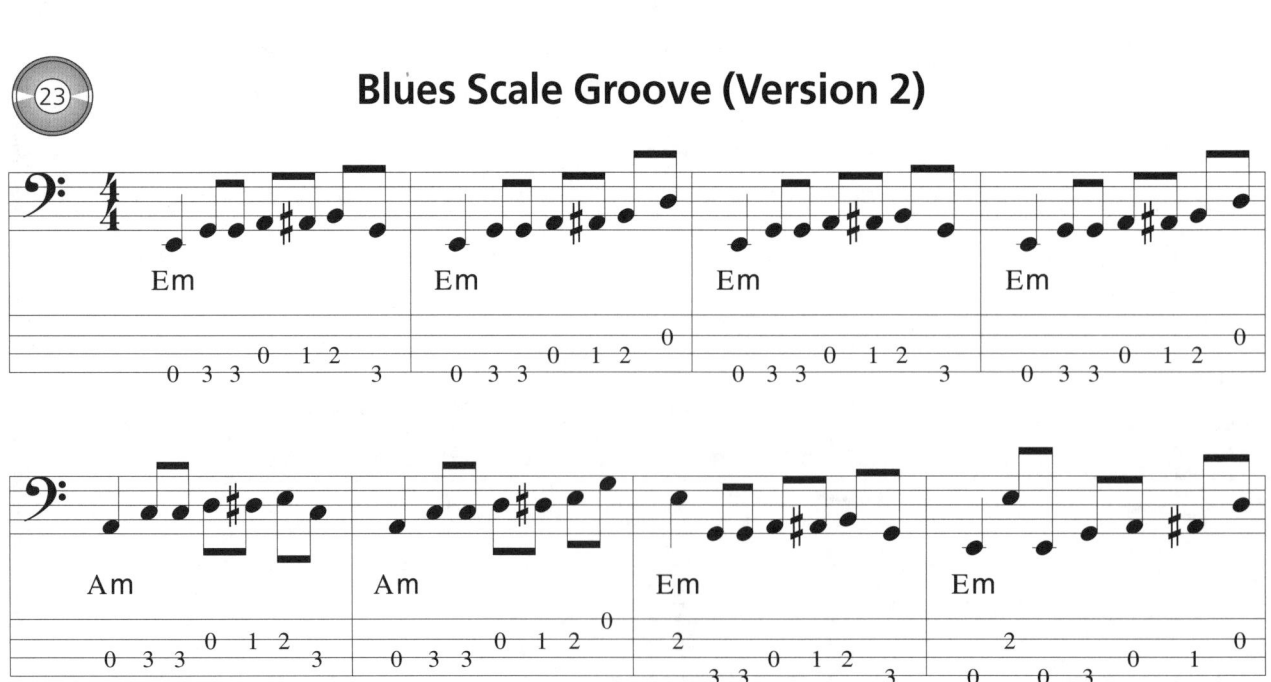

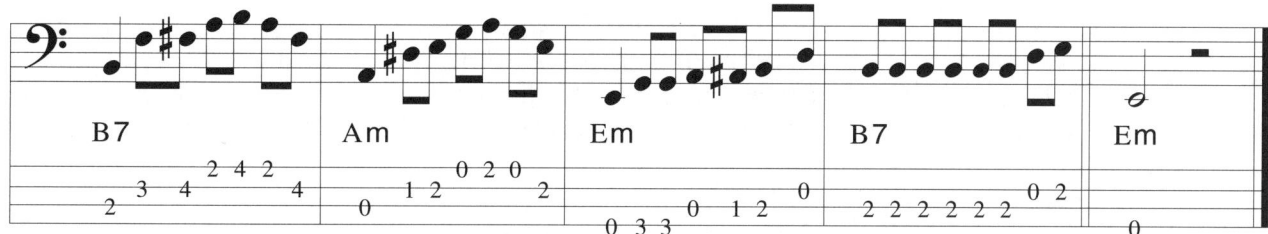

Akkordtöne und chromatische Durchgangstöne

Für den Aufbau Deiner Basslines sind die Töne, aus denen die Akkorde aufgebaut sind, also die Akkordtöne, sehr wichtig. Mit diesen Tönen schaffst Du die Grundlage für den Song. Außer den Akkordtönen kannst Du im Blues, und natürlich nicht nur da, noch die sogenannten "chromatischen Durchgangstöne" verwenden. Das sind Halbtonschritte, mit denen Du die Töne der Akkorde oder Tonleitern miteinander verbindest. Du kannst diese chromatischen Durchgangstöne entweder von unten oder von oben auf einen Akkordton oder Tonleiterton hin spielen.

Ich habe Dir einige Möglichkeiten aufgeschrieben, wie Du chromatische Durchgangstöne üben kannst. Die chromatischen Durchgangstöne sind zum besseren Verständnis mit einem Pfeil markiert. Die Akkorde auf denen die Bassline basiert, stehen über den Noten.

Übung 66

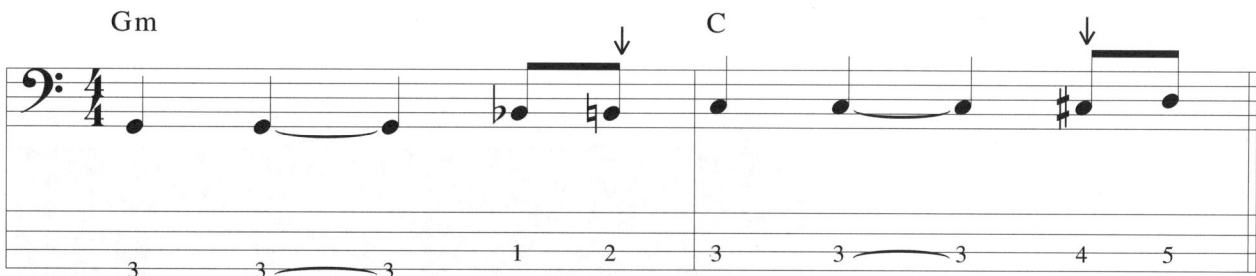

Übung 67

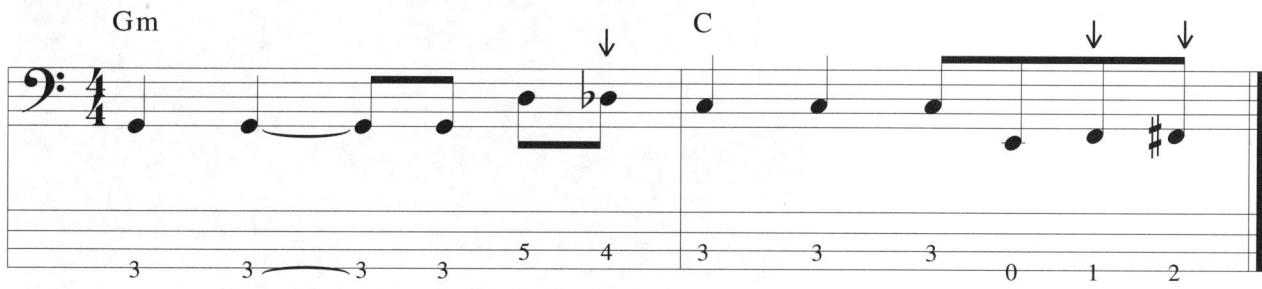

Übung 68

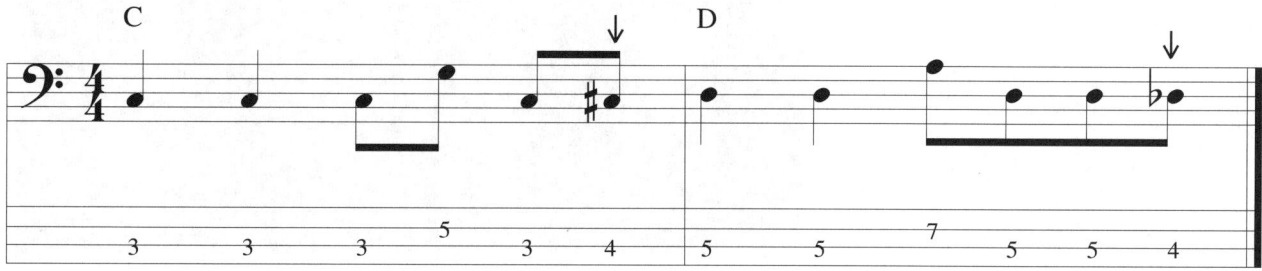

In der Bassline des nächsten Groove Tracks setzen wir das wieder in die Praxis um und spielen Grundtöne und chromatische Durchgangstöne, um die einzelnen Akkorde miteinander zu verbinden. Die Akkordtöne werden abwechselnd von oben oder von unten chromatisch angespielt.

Chromatic Groove

 **Groove Track 13**

© P. Kellert / A. Lonardoni GEMA

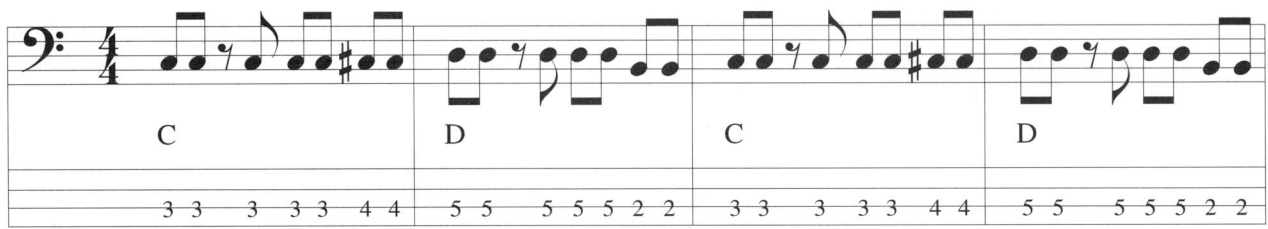

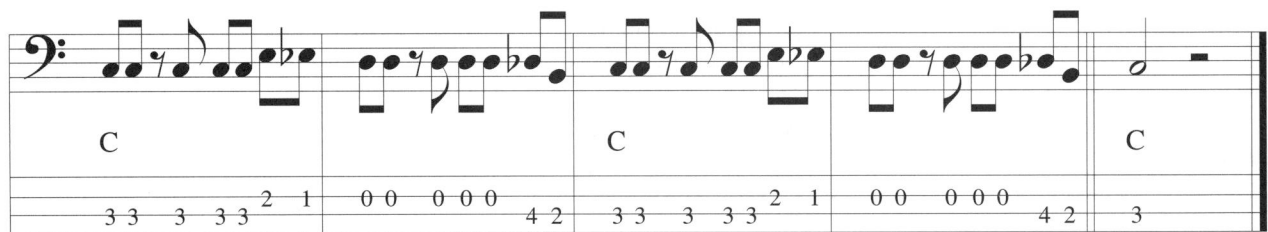

Jack Bruce: die „Legende". (Photo: Bert Gerecht)

Der nächste Play Along Song STOP BLUES ist, wie der Name schon sagt, zwar auch ein Blues, er weicht aber von der bekannten zwölf-taktigen Form ab. Orientiere dich, was die Form betrifft, an der Numerierung der Chorusse. Neu für Dich sind auch die in dem Blues vorkommenden "Stops". Das sind rhythmische Akzente, die von der ganzen Band zusammen gespielt werden.

 LV 25 – PB 26   **Play Along Song 3**   **Stop Blues**   © P. Kellert /A. Lonardoni GEMA

Mit drei speziellen Spieltechniken möchte ich Dich noch vertraut machen. Du kannst sie im Blues gut einsetzen, ebenso in den anderen Bass-Stilen, die Du noch kennenlernen wirst. Du solltest diese Spieltechniken aber nicht ständig einsetzen, sondern immer nur dann, wenn es aus musikalischen Gründen Sinn macht.

Slide

Bei der Slidetechnik wird in einen Ton "hineingerutscht". Du suchst Dir einen Ton aus, den Du spielen willst. Diesen Ton rutschst Du nun von unten oder auch von oben an. Der Druck, den die Greifhand auf die Saite ausübt, muß hierbei immer gleich bleiben. In Take 27 hörst Du, wie es klingen muß.

(27) Übung 69

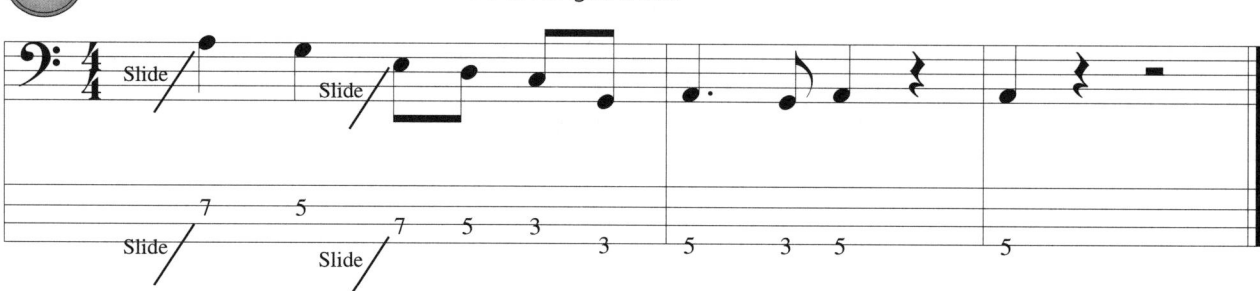

Vibrato

Mit der Vibratotechnik kannst Du einen Ton "singen" lassen. Du spielst einen Ton und während dieser erklingt bewegst Du den Finger im Bund 'rauf und 'runter.

(28) Übung 70

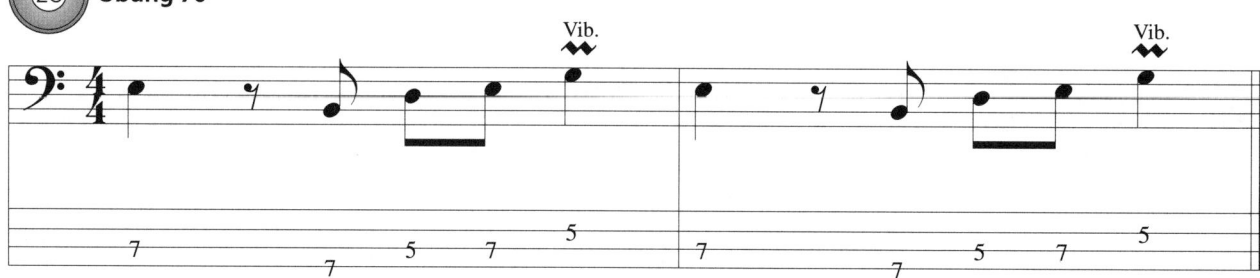

Du hörst, wie der Ton zu vibrieren beginnt. Ist die Handbewegung schnell, klingt auch das Vibrato schnell. Ist die Handbewegung langsam, erzeugst Du einen singenden Ton.

Bending

Bending ist die englische Bezeichnung für Saitenziehen. Es gibt zwei Arten von Bending. Da ist einmal das Up Bending (UB). Du greifst einen Ton, schlägst ihn an und ziehst diesen Ton wie bei einem langsamen Vibrato nach oben. Dadurch verändert sich die Tonhöhe und das Lick bekommt so einen leicht bluesigen Charakter.

(29) Übung 71

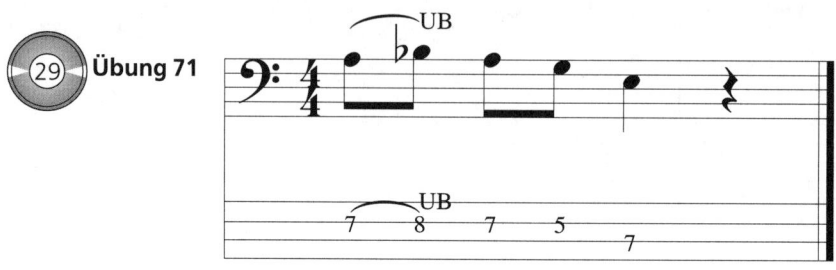

Genau umgekehrt funktioniert das Release Bending (RB). Du ziehst zuerst den Ton nach oben, dann schlägst Du ihn an und läßt dann mit dem Bending nach. Dabei geht die Tonhöhe wieder auf den Ausgangston zurück.

Übung 72 (30)

Im nächsten Play Along Song kannst Du alles, was Du im Kapitel über den Blues gelernt hast, einsetzen und ausprobieren.

Wenn Du Dich noch mehr mit Blues, Rhythm 'n' Blues und allem was dazugehört befassen willst, kann ich Dir das Buch **BLUESBASS** von Basslegende **Jack Bruce** empfehlen.

Rocket Blues

LV 31 – PB 32   **Play Along Song 4**

Bei Wiederholung variieren

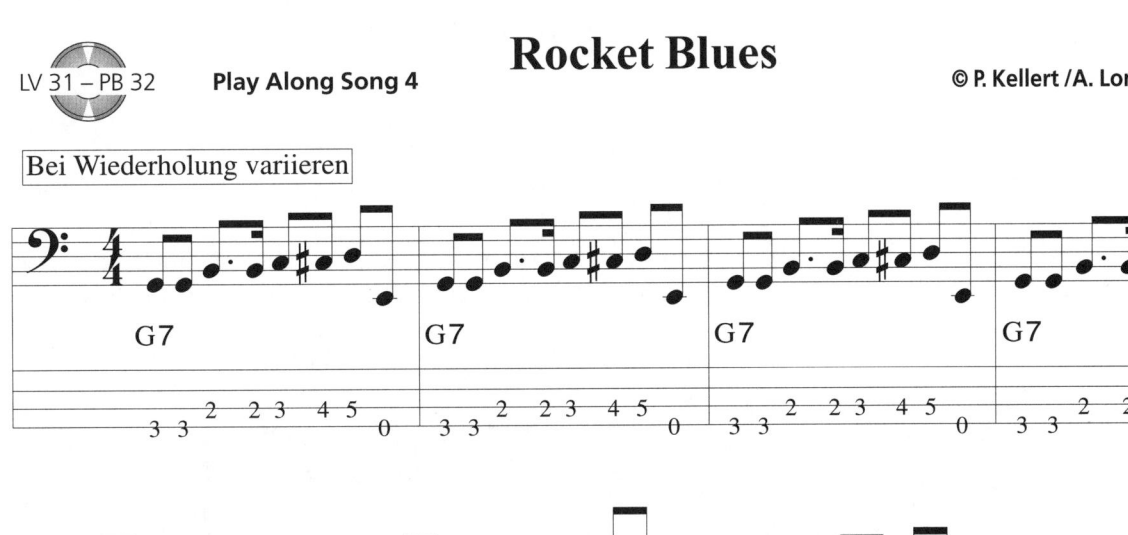

Rock – Hard Rock – Heavy Metal

Die Achtelbasslines

Achtelbasslines werden meistens in der Rock-, Hard Rock- und Heavy Metal Musik eingesetzt. Du spielst hierbei nur die Grundtöne der Akkorde im konstanten Achtelrhythmus. Durch unterschiedlichen Einsatz von Greif- und Schlaghand kannst Du die Basslines variieren. Die Schlaghand sorgt mit starken oder schwachen Anschlägen für unterschiedliche Dynamik, und die Greifhand steuert die Länge der Töne.

Mit den folgenden Übungen zeige ich Dir, welche Möglichkeiten Du hast. Dabei lernst Du auch zwei neue musikalische Zeichen kennen. Steht ein Punkt über einer Note, so wird der Ton, unabhängig von seinem tatsächlichen Notenwert, möglichst kurz gespielt. Man bezeichnet diese Spielweise als **"staccato"**.

Abbildung 54

Steht ein Strich über einer Note, so wird der Ton möglichst lang gespielt. Man bezeichnet diese Spielweise als **"tenuto"**.

Abbildung 55

Hier die Beispiele. Wir gehen von einer einfachen Achtelbassline aus und unterteilen die Bassline in Gruppen von jeweils zwei Achtelnoten.

1. Du spielst alle Noten breit und mit der gleichen Lautstärke.

Übung 73

2. Du spielst alle Noten kurz und mit derselben Lautstärke. Hierfür schlägst Du den Ton an und verringerst sofort nach dem Anschlagen des Tones den Druck der Greifhand.

Übung 74

3. Du spielst die erste Achtelnote breit und etwas lauter, die zweite Achtelnote dagegen kürzer und etwas leiser.

Übung 75

4. Du spielst die erste Achtelnote kürzer und leiser, die zweite Achtelnote dagegen breit und etwas lauter.

Übung 76

Steve Harris: Master of „Rocbass", Photo EMI Germany

Im Play Along Song AB/CD kannst Du die vier Beispiele wieder mit Band ausprobieren. Beachte, wie sich der Charakter des Songs ändert, abhängig von der jeweiligen Betonung, die Du spielst.

LV 37 – PB 38   **Play Along Song 5**   # AB/CD   © P. Kellert / A. Lonardoni GEMA

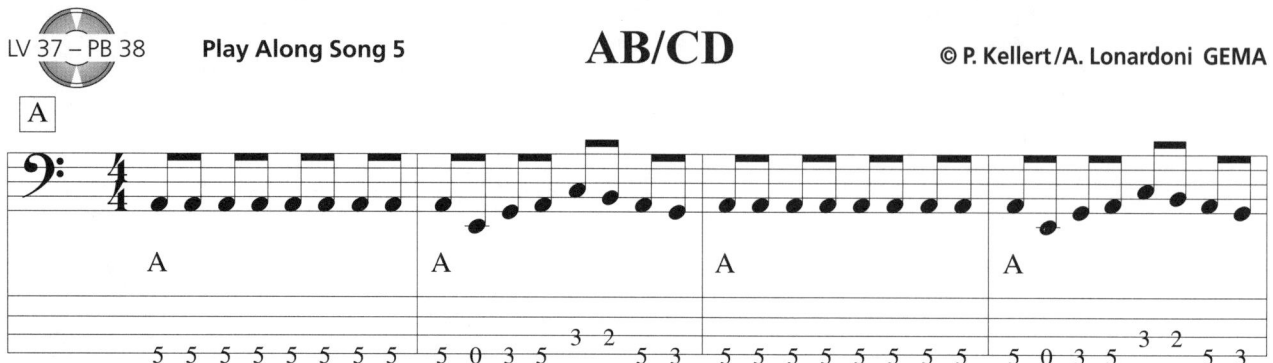

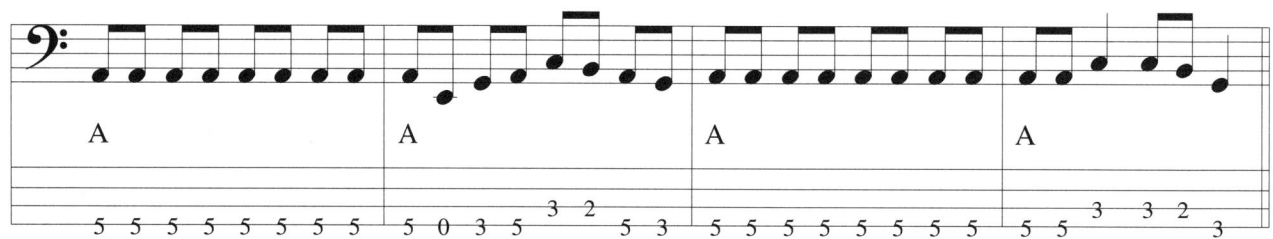

B Bei Wiederholung variieren

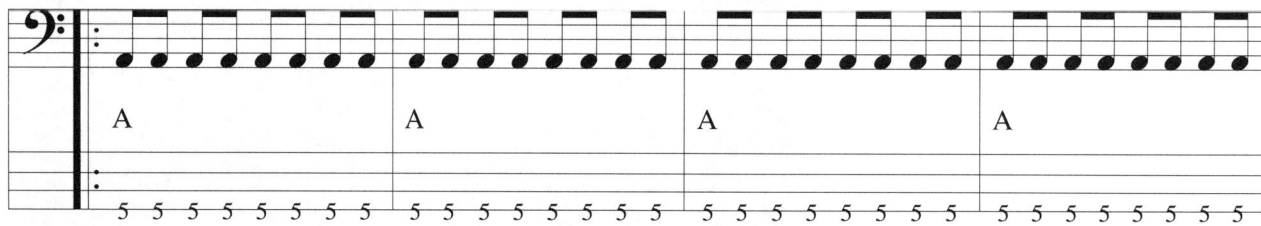

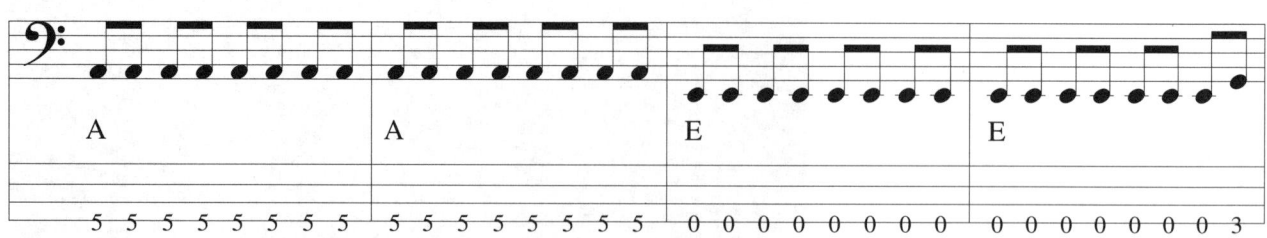

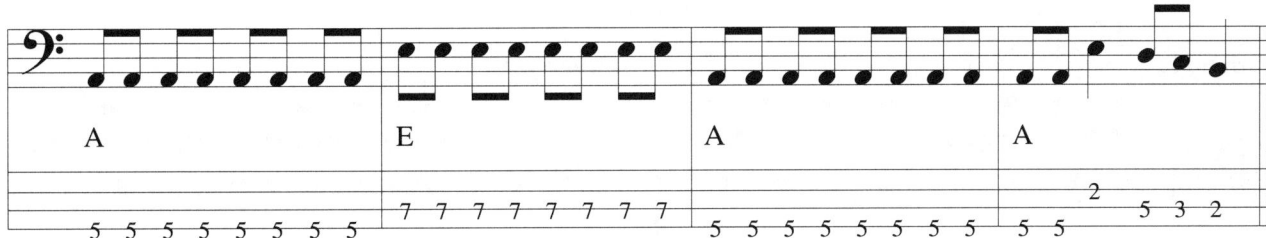

C Bei Wiederholung variieren

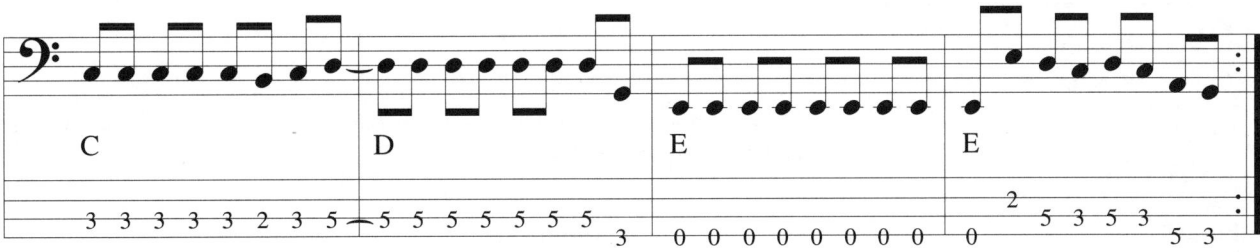

C«

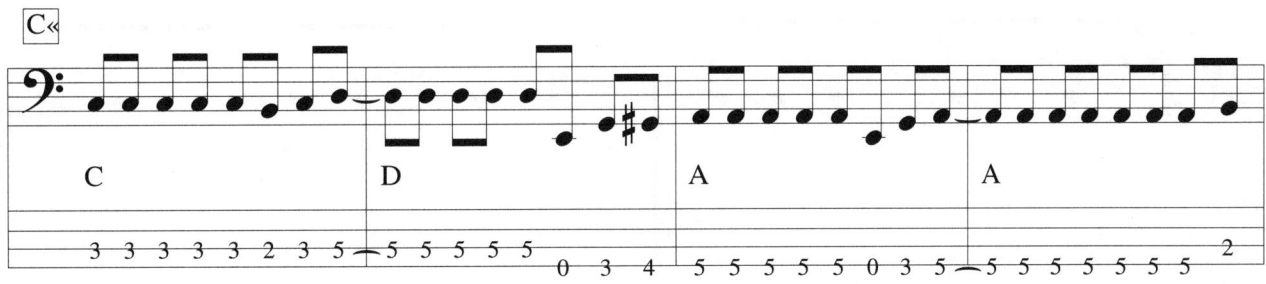

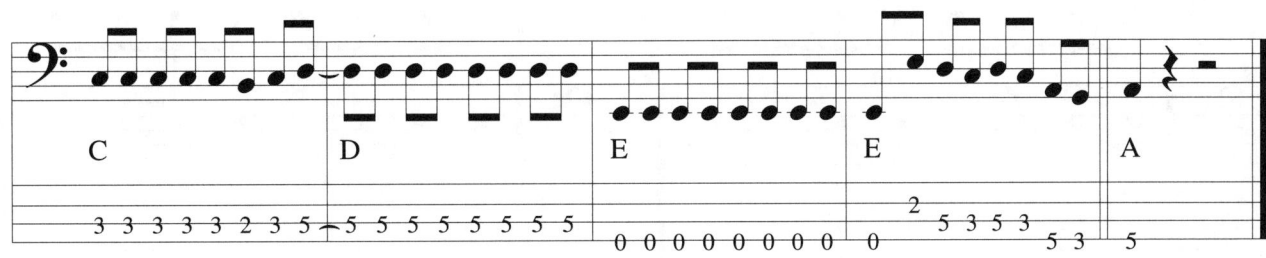

Die Plektrumtechnik Teil 2

Das Spielen mit Plektrum ist besonders im Rock, Hard Rock und Heavy Metal angesagt. Ich habe daher noch einige Übungen für Dich notiert, mit denen Du Deine Plektrumtechnik weiter verbessern kannst. Beachte die Zeichen, die den Anschlag betreffen. Es wird nicht alles mit Wechselschlag gespielt.

Übung 77

Übung 78

Übung 79

Übung 80

Mit den nächsten vier Übungen kannst Du den Saitenwechsel bei der Plektrumtechnik trainieren.

Übung 81

Übung 82

Übung 83

Übung 84

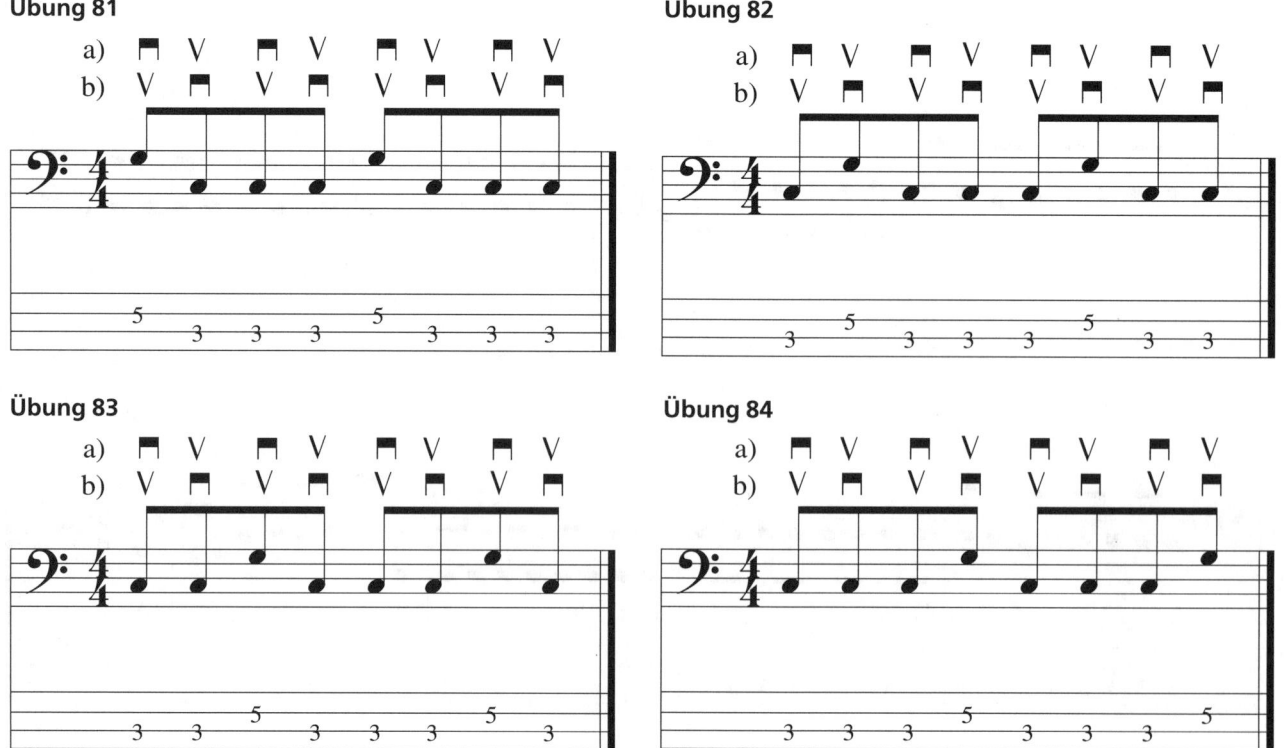

Im Play Along Song Slick With A Pick kannst Du Deine erweiterte Plektrumtechnik ausprobieren.

 LV 39 – PB 40 **Play Along Song 6**

Slick With a Pick

© P. Kellert/A. Lonardoni GEMA

Intro

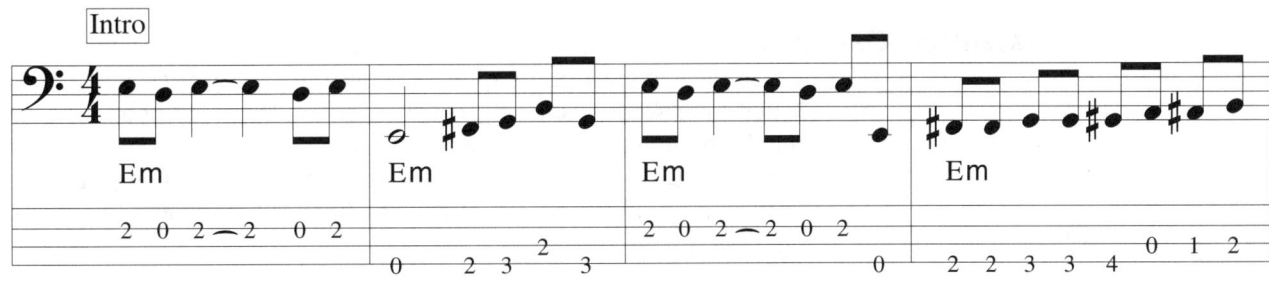

A

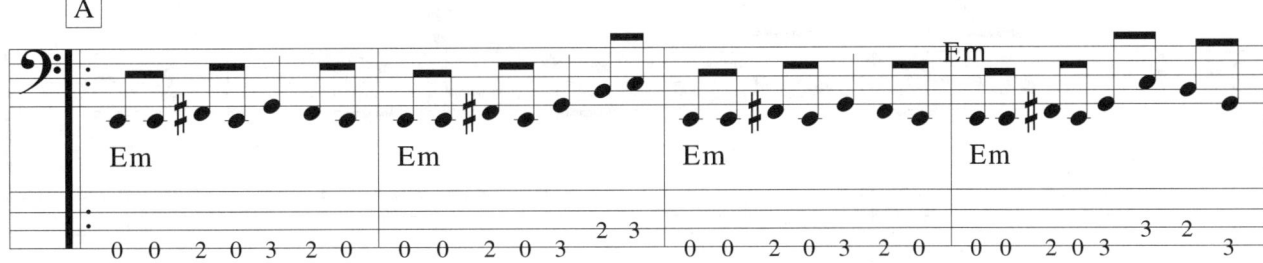

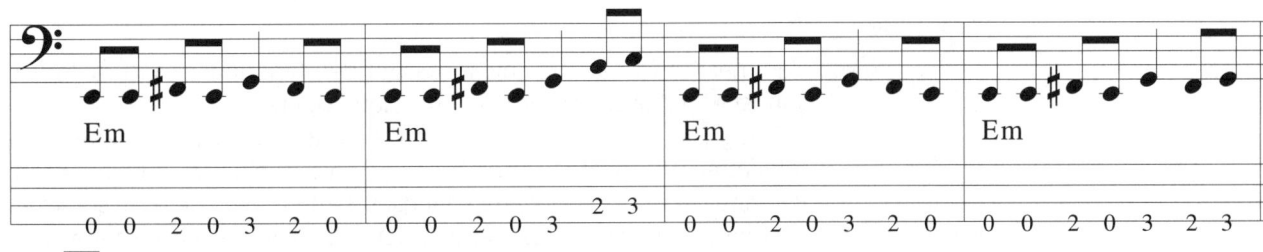

B

C

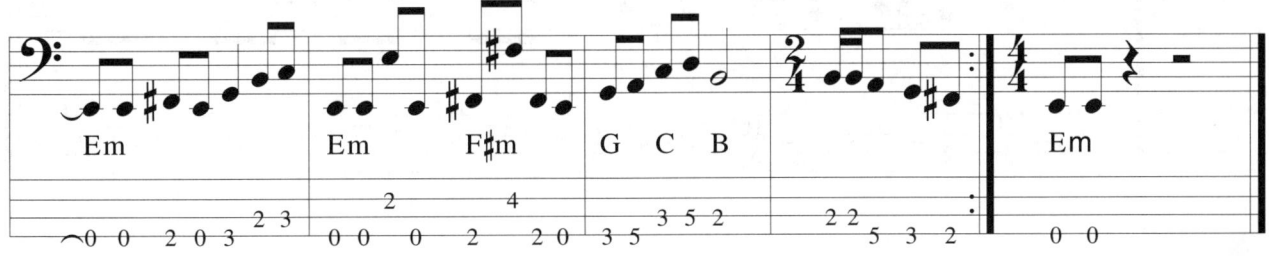

Ein paar spezielle Spieltechniken, die Du in der Rock und Metal Musik einsetzen kannst, möchte ich Dir noch vorstellen. Du kannst diese Techniken natürlich auch in jeder anderen Stilistik verwenden.

Hammer On

Beim Hammer On (H) wird mit den Fingern auf die Saiten gehämmert und so der Ton erzeugt. Du greifst mit dem Zeigefinger den Ton "C" im 3. Bund der A-Saite und schlägst den Ton an. Dann hämmerst Du mit dem Ringfinger Deiner Greifhand in den fünften Bund der A-Saite. Der neue Ton "D" wird nur durch das Aufschlagen des Ringfingers auf die Saite erzeugt. In Übung 85 ist die beschriebene Hammer On Technik eingebaut.

Übung 85

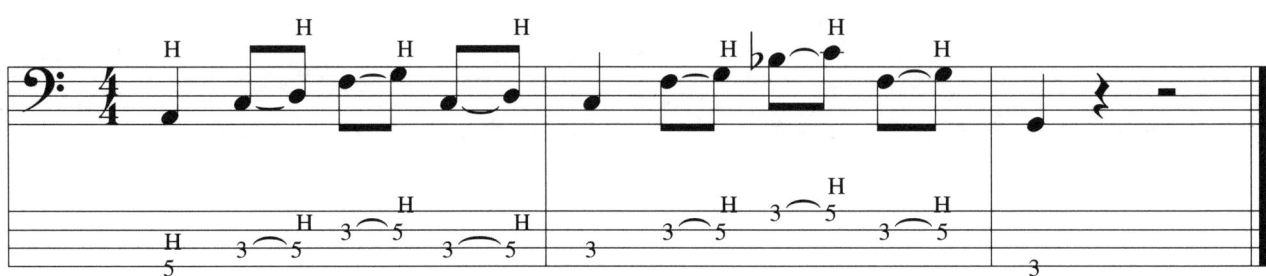

Hammer On ist natürlich nicht nur auf den Ringfinger beschränkt. Du kannst es mit allen Fingern der Greifhand spielen.
Wichtig ist hier, daß Deine Finger die nötige Schnellkraft haben. Die folgenden Übungen helfen Dir beim Entwickeln der nötigen Kraft. Beginne die Übungen in einem langsamen Tempo, in dem Du sie sicher ausführen kannst. Achte darauf, daß die Hammer On's sauber und deutlich hörbar klingen. Spiele die Übungen auch auf den anderen Saiten Deines Basses.

Übung 86

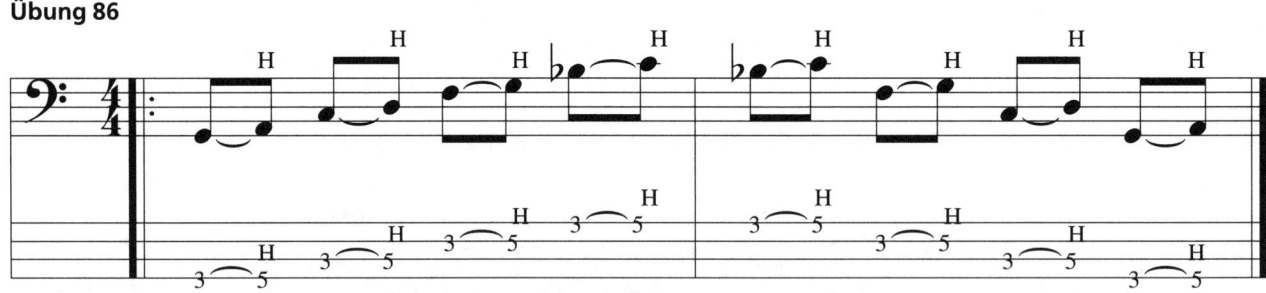

Übung 87

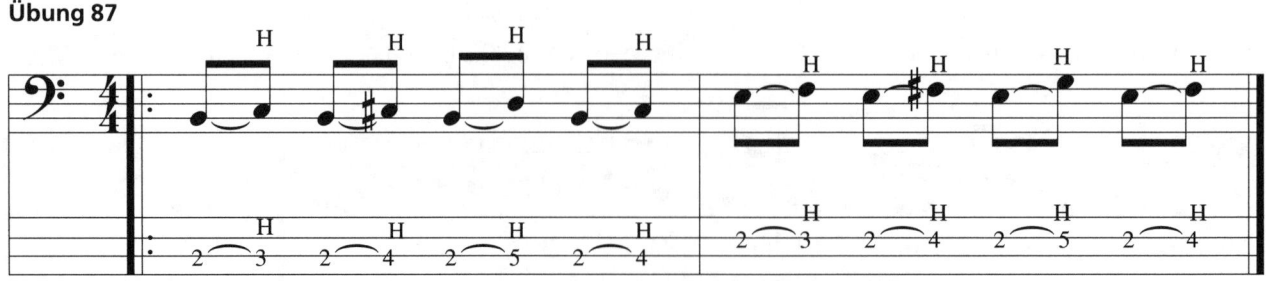

Pull Off Beim Pull Off (PO) erzeugst Du den Ton durch Abziehen Deines Fingers von der Saite, also genau umgekehrt wie beim Hammer On. Greife den Ton "G" im fünften Bund der D-Saite mit dem Ringfinger und schlage den Ton mit der Schlaghand an. Dann ziehst Du den Ringfinger so von der Saite ab, daß der Ringfinger die Saite anreißt und der mit dem Zeigefinger im dritten Bund gegriffene Ton "F" erklingt. In Take 42 hörst Du, wie es klingen soll.

Übung 88

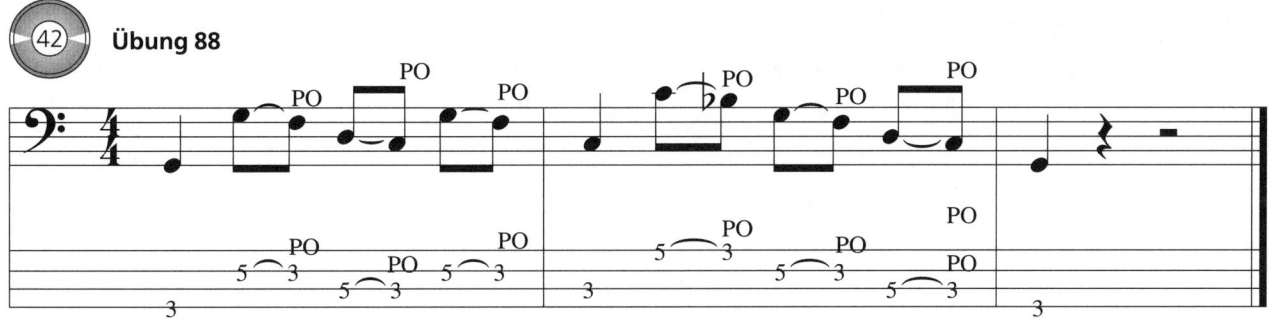

Wie beim Hammer On kannst Du das Pull Off auch mit den anderen Fingern Deiner Greifhand machen. Hier zwei Übungen zur Kräftigung Deiner Greifhand. Spiele die Übungen auch auf den anderen Saiten Deines Basses.

Übung 89

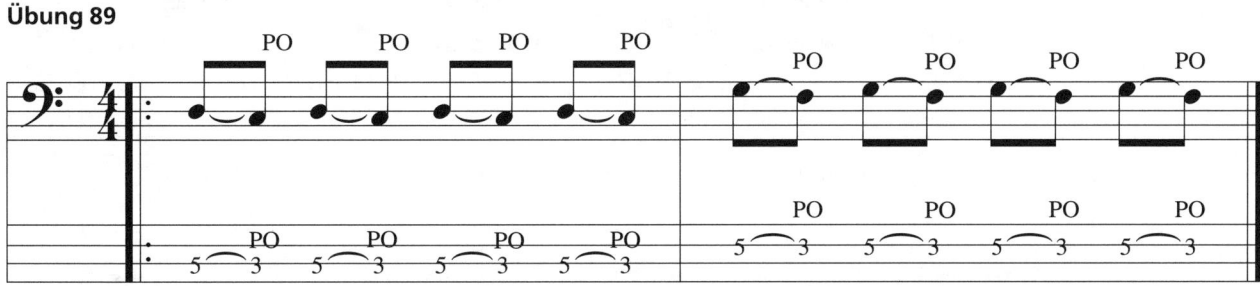

Übung 90

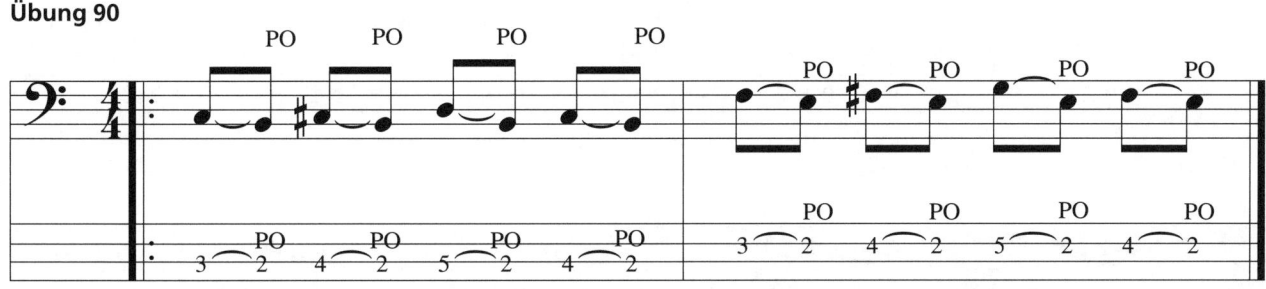

Im nächsten Play Along Song kannst Du die Hammer On Technik und die Pull Off Technik ausprobieren.

Metal Hammer

LV 43 – PB 44   **Play Along Song 7**

Intro

A

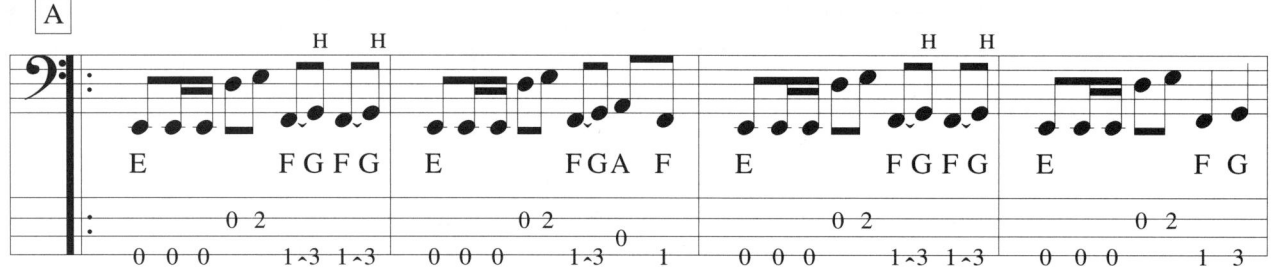

B

Der Shuffle Rhythmus oder die "Ternäre Rhythmik"

In diesem Kapitel werde ich Dich mit einer speziellen Form der Rhythmik vertraut machen. Gemeint ist die ternäre Rhythmik, die Grundlage der Shuffle Basslines. Du kennst diese Art der Rhythmik bestimmt schon unter einem anderem Namen, nämlich als "Shuffle", "Swing Feel" oder "Boogie Feel".

Teilst Du eine Viertelnote in drei gleich lange Teile auf, so entstehen Achteltriolen. Wie Du Achteltriolen zählen mußt, siehst Du in der folgenden Übung.

Abbildung 56

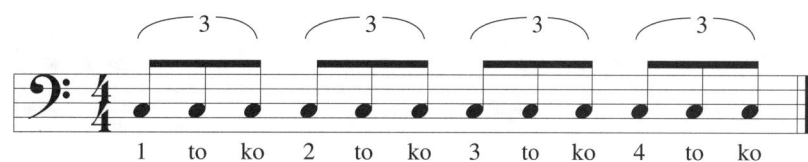

Um den Shuffle Rhythmus zu spielen, läßt Du in jedem Dreierblock einfach den zweiten Schlag weg.

Übung 91

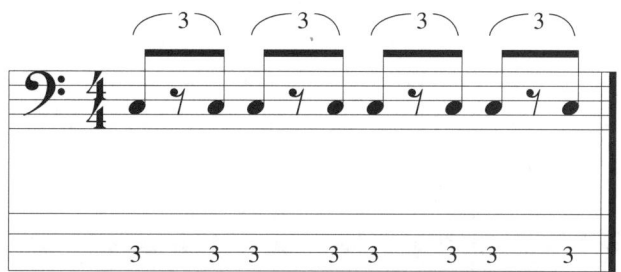

Möchtest Du, daß der Shuffle Rhythmus breiter klingt, mußt Du die ersten beiden Noten jedes Dreierblocks zusammenbinden.

Übung 92

In der Musiktheorie wird der Shuffle Rhythmus, wie bereits erwähnt, als ternäre Rhythmik bezeichnet. Wird eine Viertelnote in zwei gleich lange Teile, also zwei "gerade" Achtelnoten, geteilt, so nennt man das binäre Rhythmik. Um die Notenschreibweise beim Shuffle Rhythmus zu vereinfachen, findest Du folgendes Zeichen. Es bedeutet, daß die Achtelnoten zwar normal geschrieben, aber geshuffelt gespielt werden.

Abbildung 57

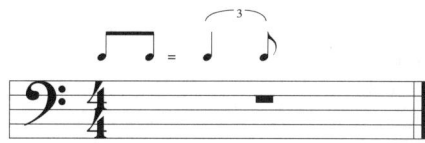

Ich habe Dir einige Übungen aufgeschrieben, mit denen Du den Shuffle Rhythmus üben kannst. Denk daran, daß die Achtelnoten normal geschrieben, aber geshuffelt gespielt werden.

Übung 93

Übung 94

Die Shuffle Bassline des Songs MAX BOOGIE ist ganz einfach, da sie fast ausschließlich aus durchgespielten Achtelnoten besteht. An Tönen verwende ich fast ausschließlich Akkordtöne.

Max Boogie

 LV 47 – PB 48   **Play Along Song 8**

© P. Kellert / A. Lonardoni GEMA

Bei Wiederholung variieren

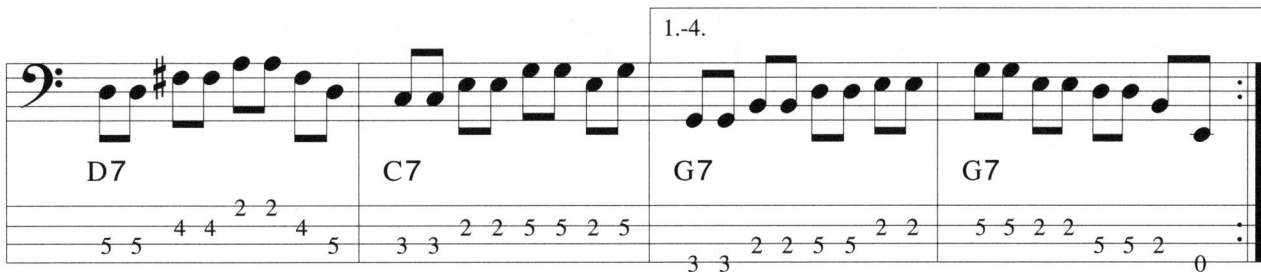

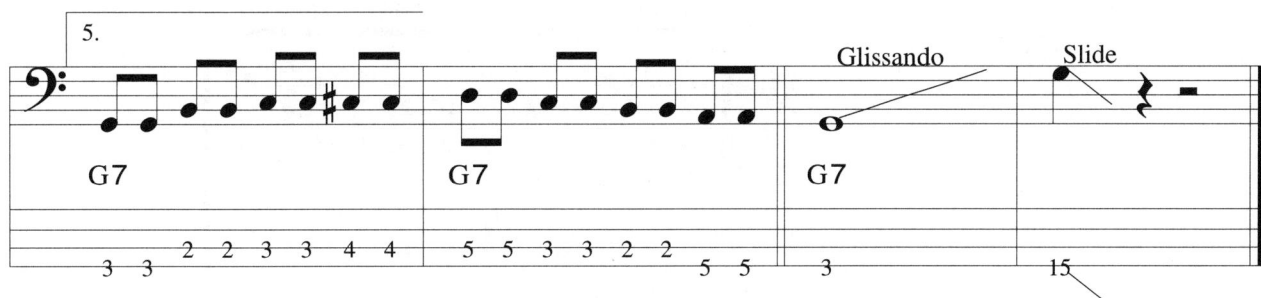

Schwieriger wird es, wenn Du Achteltriolen und Saitenwechsel in Deine Bassline einbaust. Ich habe Dir einige Übungen aufgeschrieben, in denen Du das trainieren kannst. Du kannst die Übungen gezupft und auch mit Plektrum spielen. Wie Du anschlagen sollst, habe ich zu den Übungen dazugeschrieben.

Übung 95

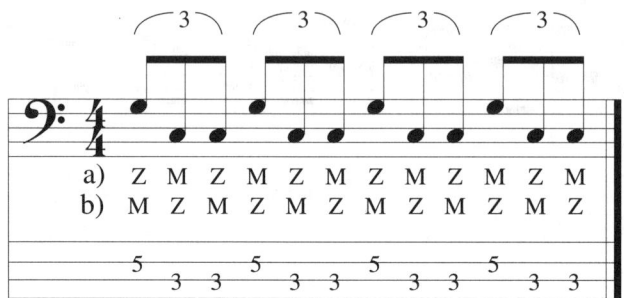

Übung 96

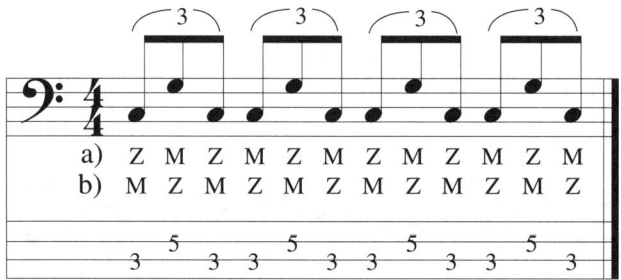

Übung 97

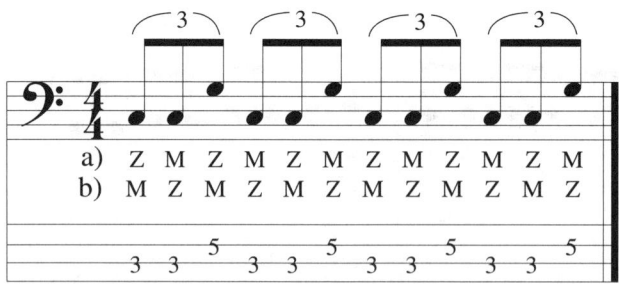

Live einsetzen kannst Du das Gelernte im Play Along Song TEXAS GROOVIN'.

Texas Groovin'

 LV 49 – PB 50 **Play Along Song 8**

© P. Kellert/A. Lonardoni GEMA

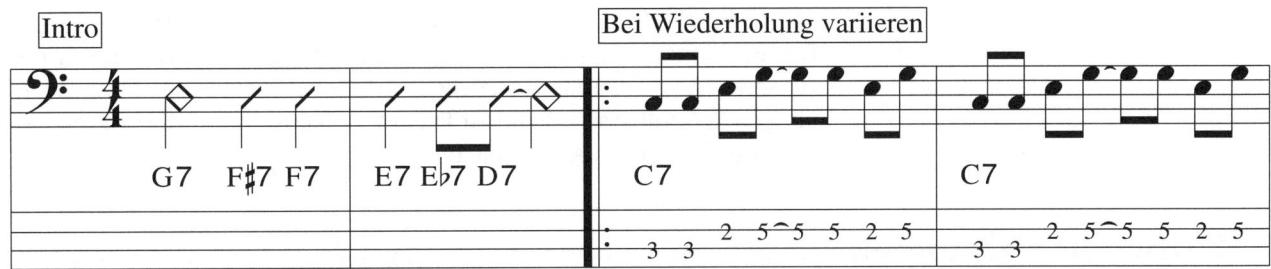

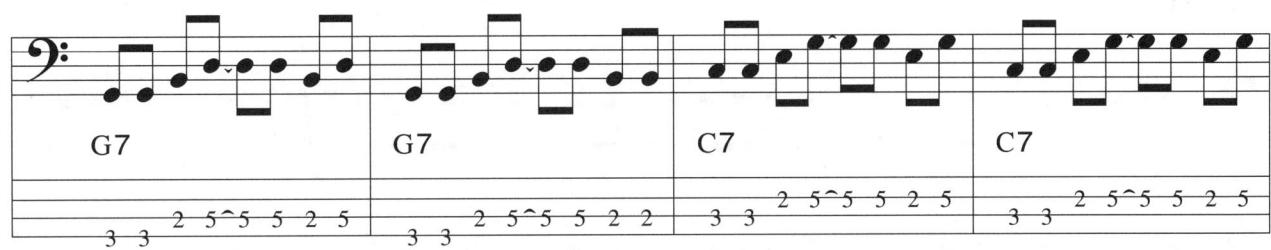

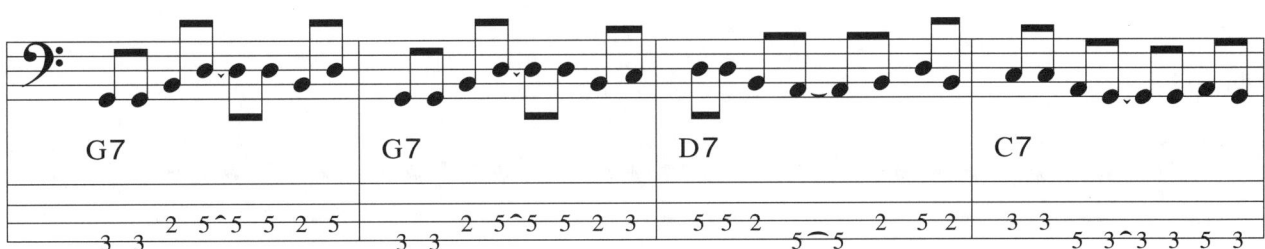

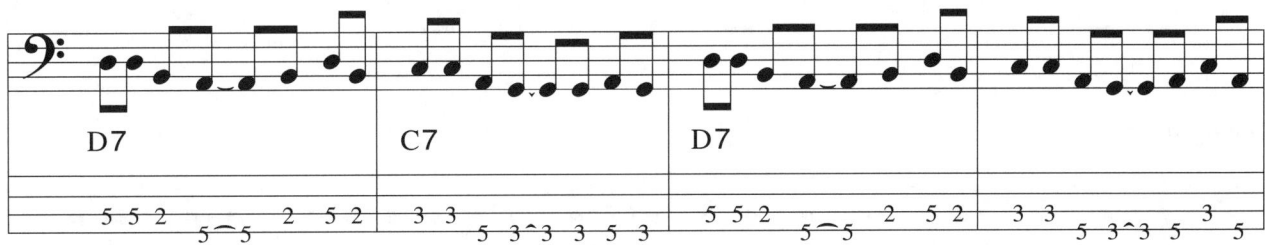

89

It's Soul Time

Entstanden ist Soul in den 60er Jahren durch die Verschmelzung von Gospelmusik und Blues. Die Rhythmik im Soul ist nicht ganz so starr wie in der Rock Musik oder Heavy Metal Musik. Ein- oder zweitaktige Basslines werden zwar mehr oder weniger konstant durchgespielt, doch wird oft die eine oder andere kleine Variation eingebaut.

Der Bass orientiert sich wie immer stark an der Bassdrum, spielt die Akzente mit oder füllt die Lücken, die der Schlagzeuger läßt. Super klingende Soulbasslines kannst Du am einfachsten mit den Tönen der pentatonischen Tonleitern spielen.

Rhythmische Übungen Teil 2

Da Soulbasslines rhythmisch etwas komplizierter sind als die Basslines, die Du bisher kennengelernt hast, machen wir vorneweg einige rhythmische Übungen. Die Übungen mußt Du nicht unbedingt auf dem Ton "D" spielen. Du kannst sie auch auf jedem anderen Ton spielen.

Übung 98

Übung 99

Übung 100

Übung 101

Grau ist alle Theorie. Zu den folgenden beiden Groovetracks habe ich je eine Soulbassline notiert. Groove Track 14 basiert auf der Durpentatonik und Groovetrack 15 auf der Mollpentatonik. Denke Dir auch selbst einmal Basslines aus. Beginne ganz einfach und entwickle die Basslines langsam weiter.

Major Soultime

(51) **Groove Track 14**

© P. Kellert / A. Lonardoni GEMA

Minor Soultime

Groove Track 15

© P. Kellert / A. Lonardoni GEMA

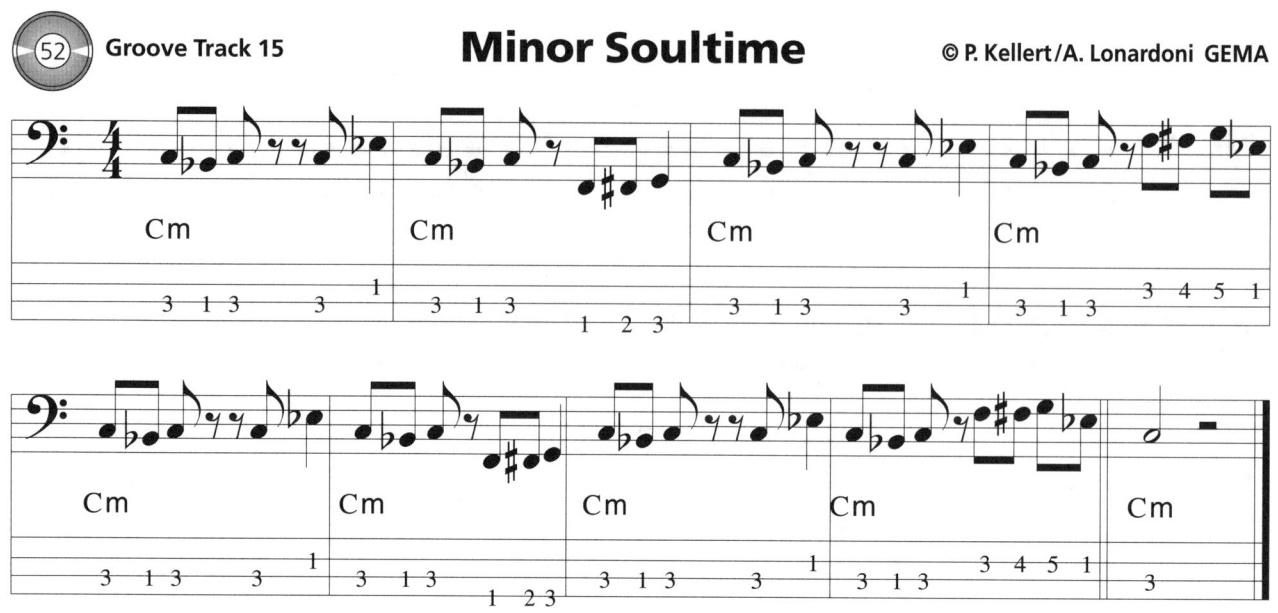

Ein gutes Beispiel für eine typische Soulbassline ist die Bassline von Play Along Song CORVETTE. Achte darauf, daß Du mit der Bassdrum immer gut zusammen bist. Wenn Du die Bassline sicher drauf hast, kannst Du selbst Deine eigenen Variationen einbauen.

LV 53 – PB 54 **Play Along Song 10**

Corvette

© P. Kellert / A. Lonardoni GEMA

Intro

Bei Wiederholung variieren

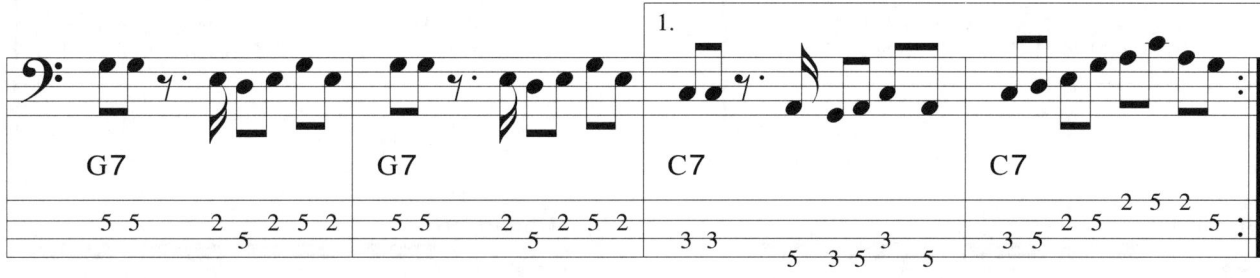

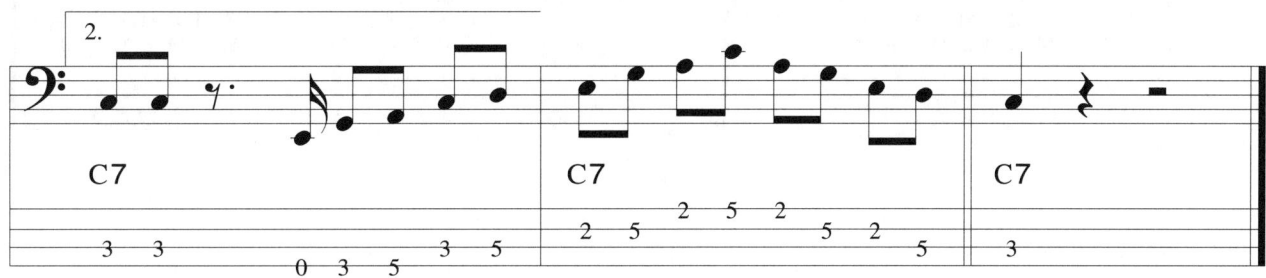

Rhythmische Übungen Teil 3

Rhythmisch interessanter kann man Soulbasslines mit Sechzehntelfiguren machen. Damit das Spielen für Dich kein Problem ist, müssen die Finger der Schlaghand fit sein. Dafür habe ich wieder einige Übungen aufgeschrieben. Spiele die Übungen in einem Tempo, in dem Du sie problemlos bewältigen kannst. Stelle Dein Metronom auf ein für Dich angenehmes Tempo. Steigere das Tempo im Laufe der Zeit langsam. Wichtig bei den Übungen ist der konsequente Wechselschlag der Schlaghand. Spiele die folgenden Übungen einmal mit dem Zeigefinger (Z) der Schlaghand beginnend durch. Wenn das klappt, beginnst Du die Übung mit dem Mittelfinger (M).

Übung 102

Übung 103

Nun setzt Du Akzente durch Betonung einzelner Schläge der Sechzehntelgruppen. Das Betonungszeichen ">" zeigt Dir an, welche Töne Du lauter spielen sollst.

Übung 104

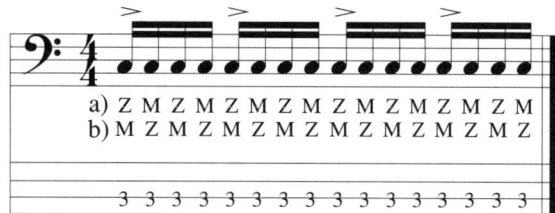

Übung 105

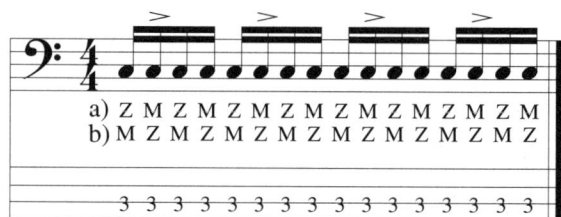

Übung 106

Übung 107

Übung 108

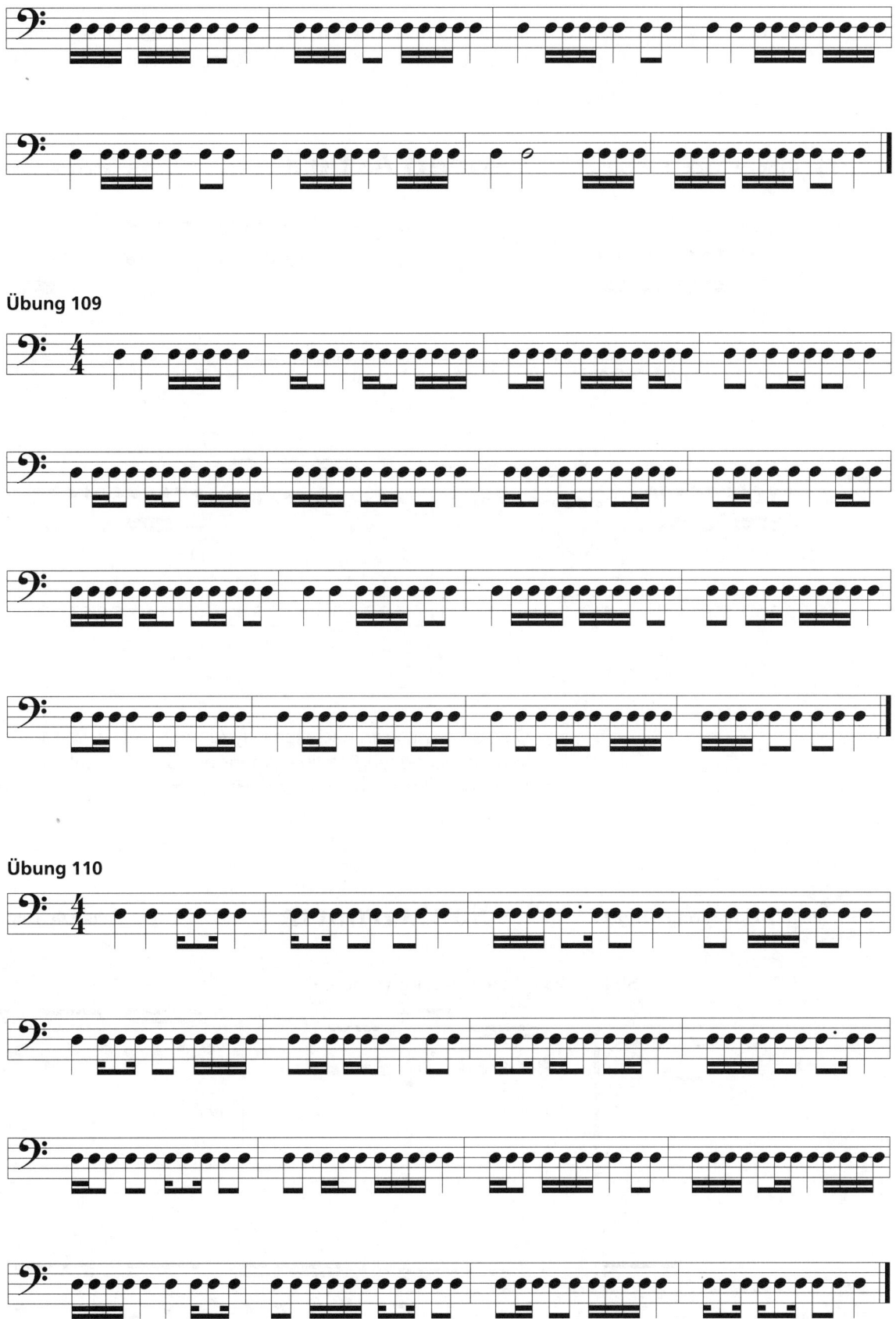

Übung 109

Übung 110

Im nächsten Groove Track kannst Du einmal im langsamen Tempo den Wechsel zwischen Achtel- und Sechzehntelnoten trainieren.

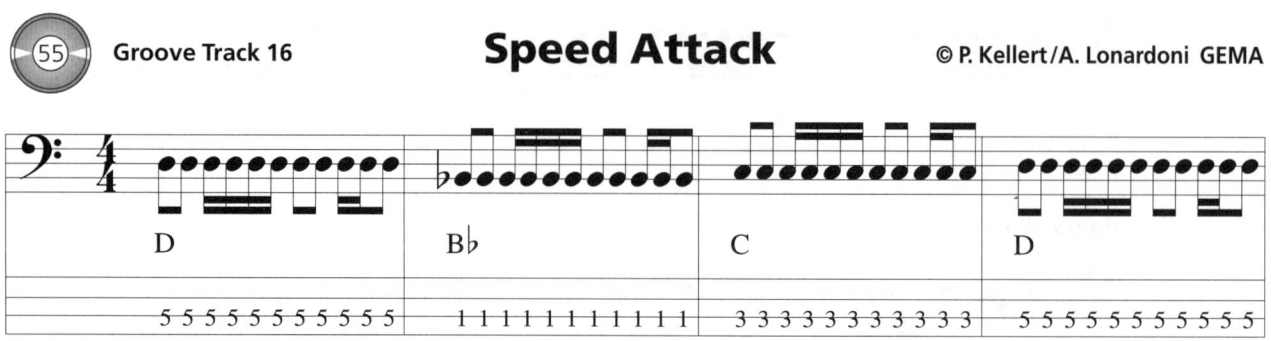

55 Groove Track 16   **Speed Attack**   © P. Kellert/A. Lonardoni GEMA

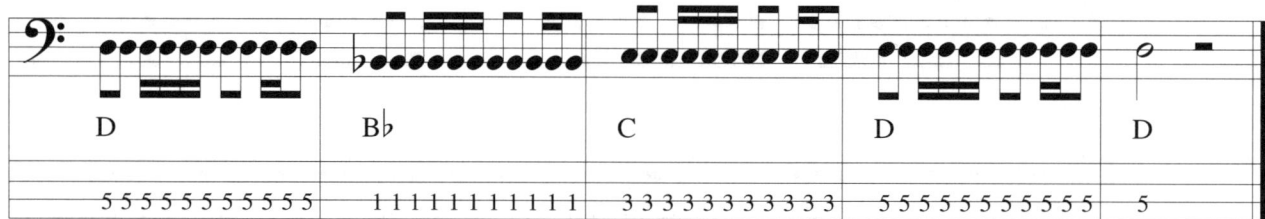

Die Soulbassline im nächsten Play Along Song ist, im Gegensatz zu den vorangegangenen Basslines, mehr aus Sechzehntelfiguren aufgebaut. So bekommst Du noch mehr Sicherheit im Umgang mit Sechzehntelnoten.

LV 56 – PB 57   **Play Along Song 11**   **Soul Groovin'**   © P. Kellert/A. Lonardoni GEMA

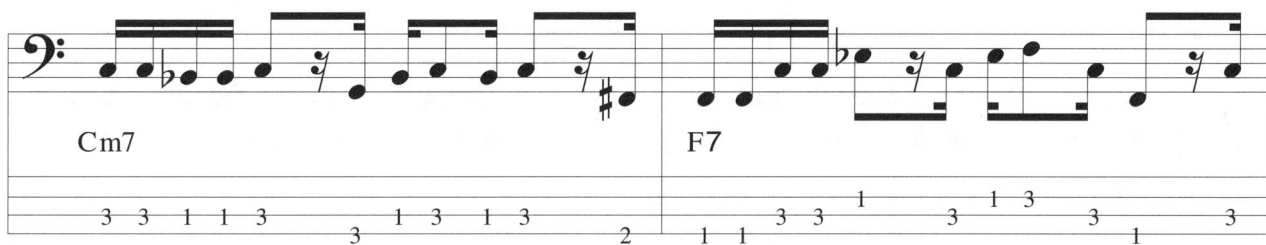

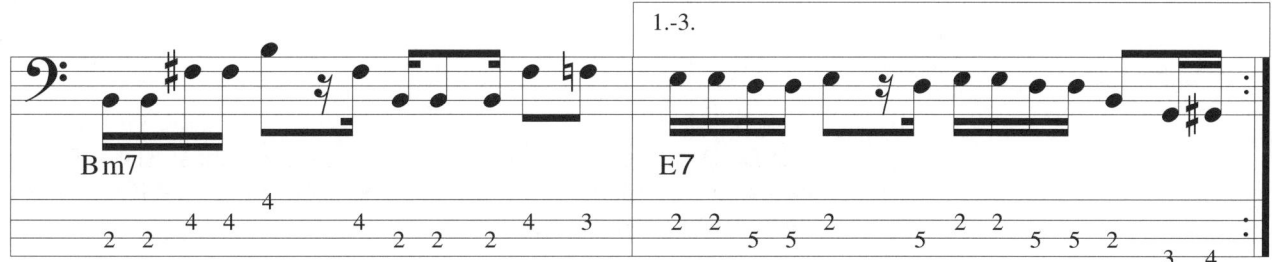

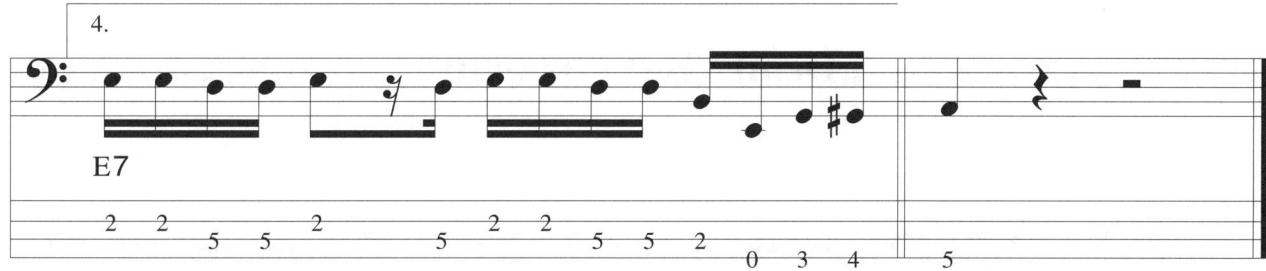

Dead Notes

Eine Dead Note ist eine Note, die nur angedeutet wird. Die Schlaghand schlägt den Ton völlig normal an. Aber der Druck der Greifhand auf den Hals wird so weit vermindert, daß der Ton nicht mehr richtig klingt, sondern nur noch perkussiv zu hören ist. Dead Notes werden im Notensystem immer mit einem Kreuz X gekennzeichnet.

(58) Übung 111

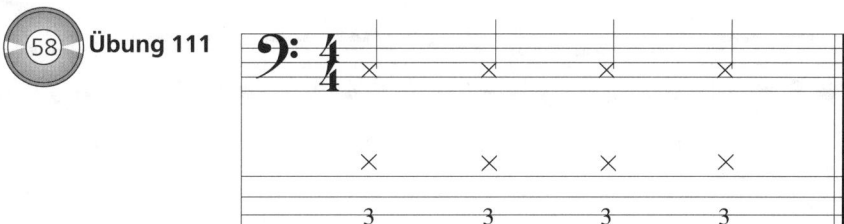

Zum trainieren der Dead Notes habe ich einige Übungen notiert.

Übung 112

Übung 113

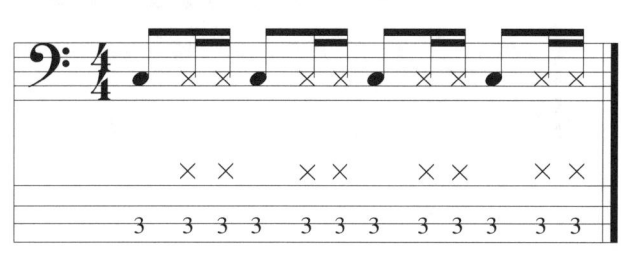

Übung 114

Übung 115

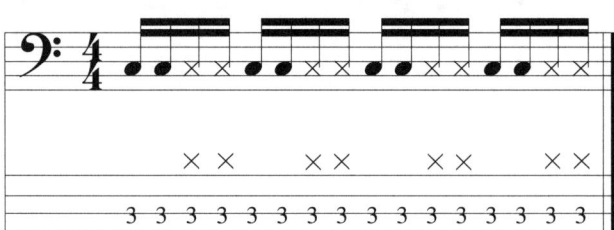

Wie Du Dead Notes in Deine Basslines einbauen kannst, siehst Du im nächsten Play Along Song. Die Bassline klingt durch die Dead Notes rhythmischer und perkussiver.

 LV 59 – PB 60 **Play Along Song 12** **„Dead" But Groovin'** © P. Kellert / A. Lonardoni **GEMA**

Intro

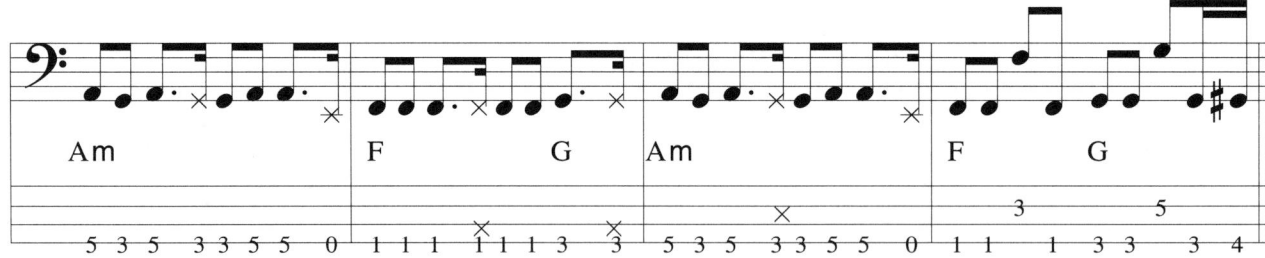

A

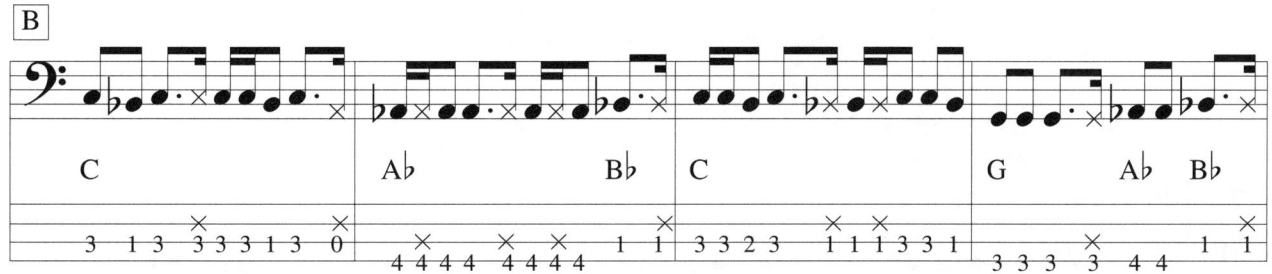

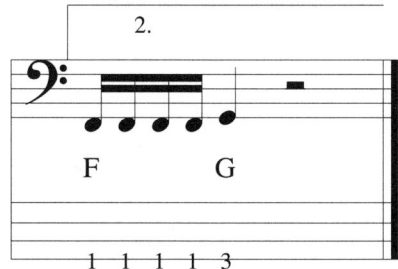

Let's Funk It Up

Aus dem Soul ist Anfang der 70er Jahre der Funk entstanden. Beim Funk liegt der Schwerpunkt noch stärker auf der Rhythmik als im Soul. Die pentatonischen Tonleitern, zahlreiche Möglichkeiten der Betonung von Sechzehntelgruppen, wiederholte rhythmische Phrasen und die rhythmische Präzision sind die Bausteine des Funk.

Rhythmische Übungen Teil 4

Mit diesen rhythmischen Leseübungen sollst Du das Spielen von Sechzehntelnoten üben. Positiver Nebeneffekt hierbei ist, daß sich Deine Fingerfertigkeit weiter verbessert. Vergiß' nicht, den kleinsten vorkommenden Notenwert beim Mitzählen zu verwenden.

Übung 116

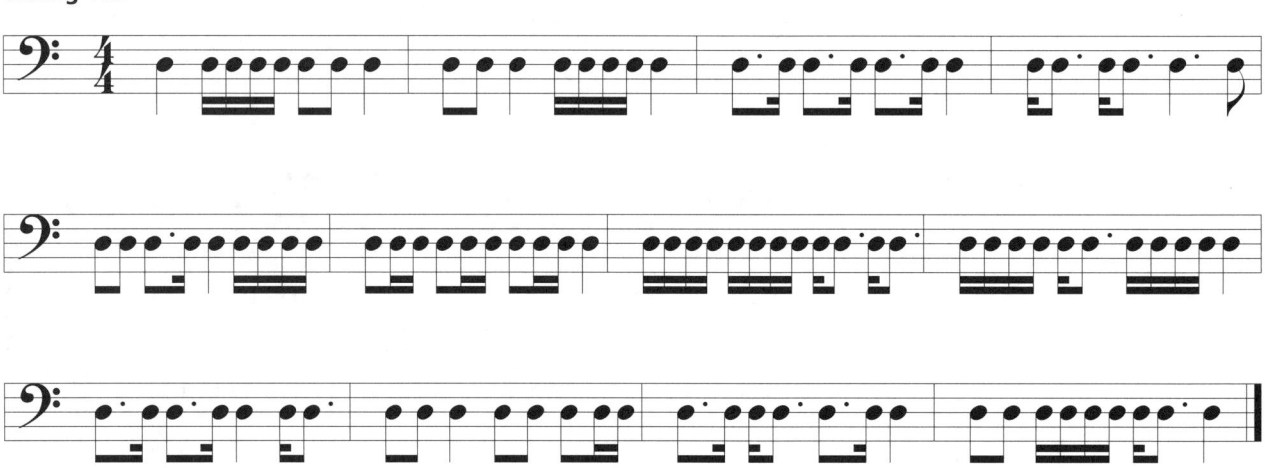

Übung 117

Übung 118

Übung 119

Zum folgenden Groove Track habe ich eine Bassline notiert, die nur aus einem Ton, genauer gesagt dem Grundton des Akkordes, besteht. Allein der „angeshuffelte" Groove auf einem Ton genügt, um eine coole Funk Bassline zu spielen.

One Note Groove

 **Groove Track 17**

© P. Kellert / A. Lonardoni GEMA

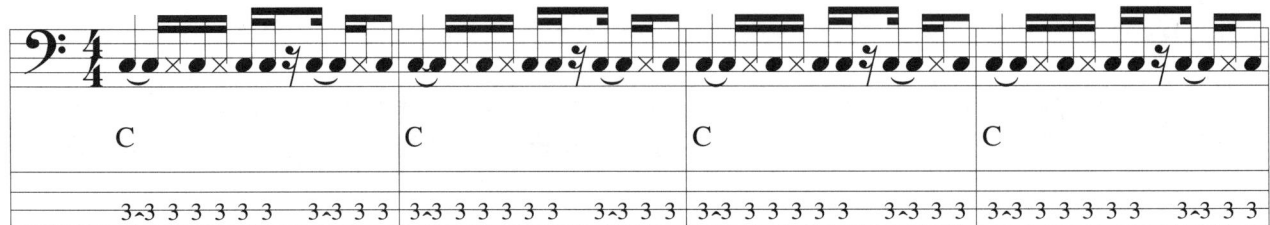

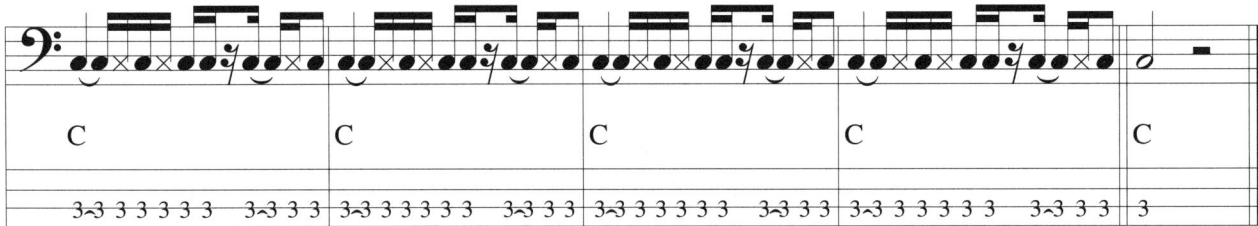

Hier ein paar Übungen, bei denen Du hauptsächlich Grundton und Quinte des Akkordes verwendest. Richte Dein Augenmerk hier besonders auf den Saitenwechsel und den Wechselschlag.

Übung 120

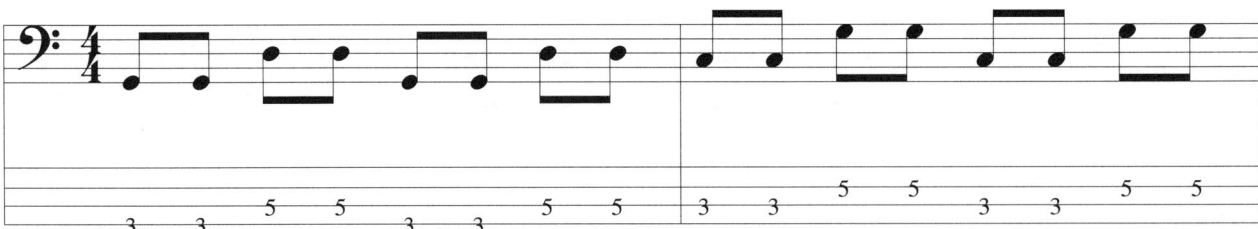

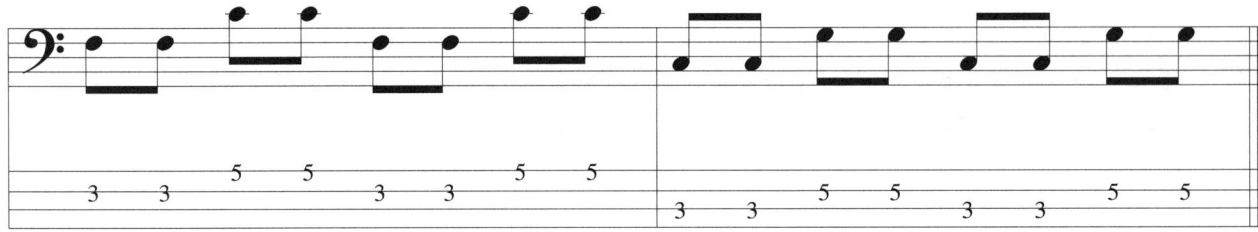

Übung 121

Übung 122

Im nächsten Groove Track wechseln die Akkorde jeden zweiten Takt. Die Bassline, die ich hierfür notiert habe, besteht im wesentlichen aus Grundton und Quinte des jeweiligen Akkordes sowie chromatischen Durchgangestönen. Achte auch darauf, wie ich die Übergänge zwischen den Akkorden gespielt habe.

 **Groove Track 18**

Root & Fifth

© P. Kellert / A. Lonardoni GEMA

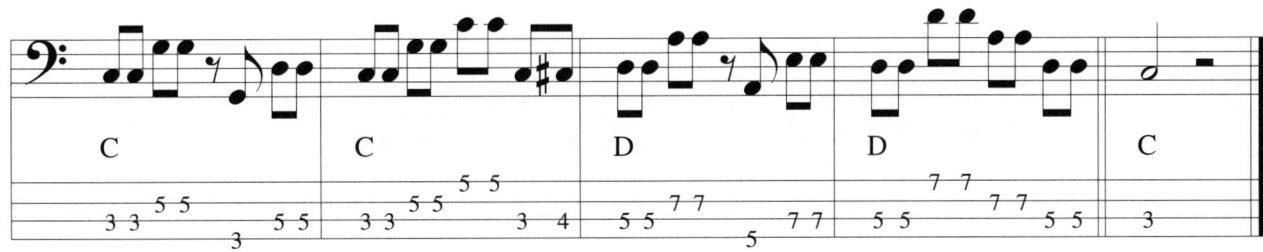

Der Play Along Song FUNK IT UP #1 ist absichtlich einfach gehalten. So kannst Du alles Neue in Ruhe ausprobieren und trainieren. Wenn Du die von mir gespielte Bassline sicher drauf hast, solltest Du immer Deiner Phantasie freien Lauf lassen und Deine eigene Bassline zum Play Along Song komponieren.

Funk It Up #1

 **Play Along Song 13**

LV 63 – PB 64

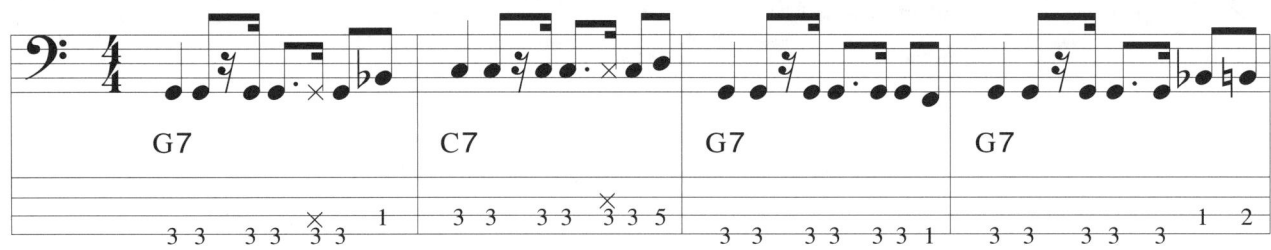

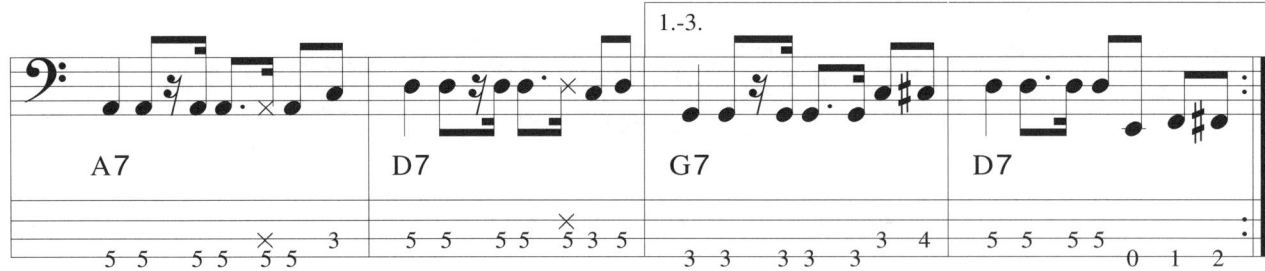

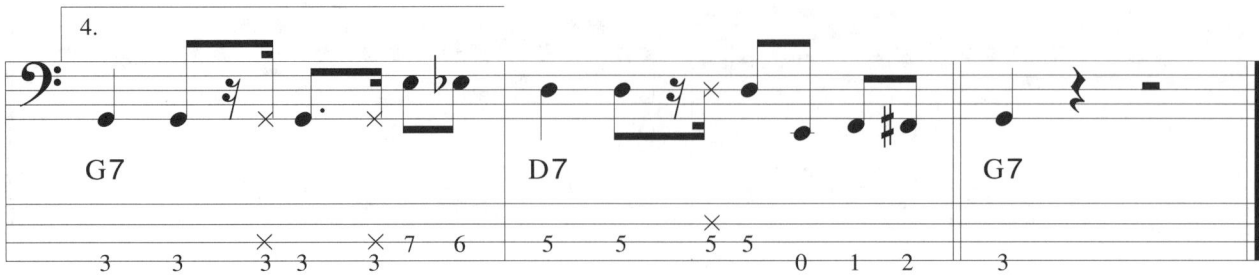

Oktavtechnik

In der Funkmusik kannst Du auch die Oktaven sehr wirkungsvoll einsetzen. Wenn Dir eine Bassline, die nur auf einem Ton gespielt wird, zu monoton erscheint, kannst Du die Bassline mit der Oktave auf interessante Weise variieren. Den Grundton greifst Du immer mit dem Zeigefinger, die Oktave mit dem kleinen Finger.

Sollte sich dabei etwas ändern, habe ich den Fingersatz notiert. Ein echter Meister im Umgang mit Oktaven und einer meiner Lieblingsbassisten in Sachen Funk ist ROCCO PRESTIA. Rocco ist Gründungsmitglied von TOWER OF POWER; eine Band, die Du Dir unbedingt anhören solltest, wenn Du Dich für Funk interessierst.

Rocco Prestia: Der Meister des „16tel Funk" bei der Band Tower of Power (Photo: Bert Gerecht)

Mit den folgenden Übungen hast Du genug Material, um die Oktavtechnik gründlich trainieren. Wichtig ist hier auch wieder der Wechselschlag. Die Übungen 127-130 kannst Du mit Wechselschlag oder Doppelanschlag spielen.

Übung 123

Übung 124

Übung 125

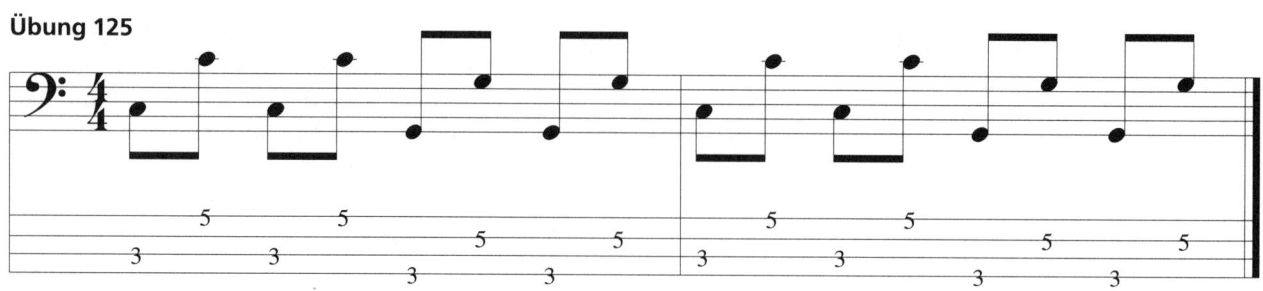

Übung 126

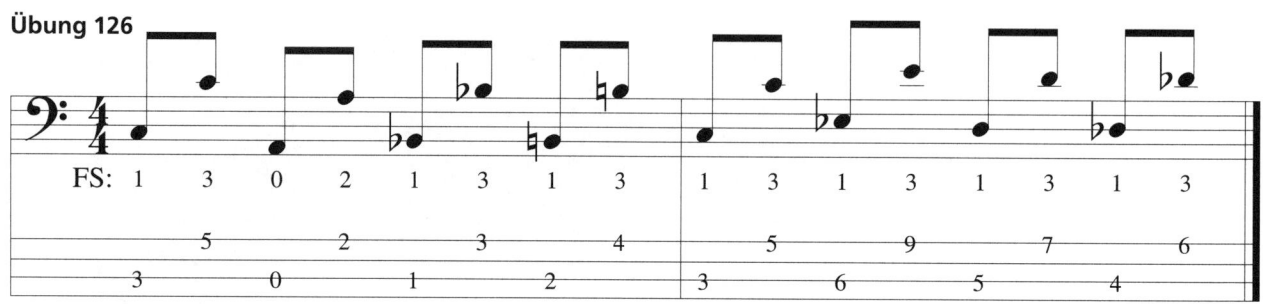

Übung 127

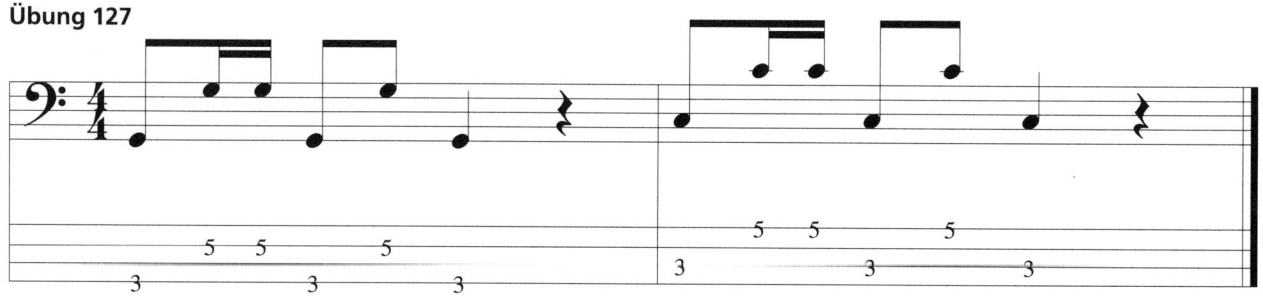

Übung 128

Übung 129

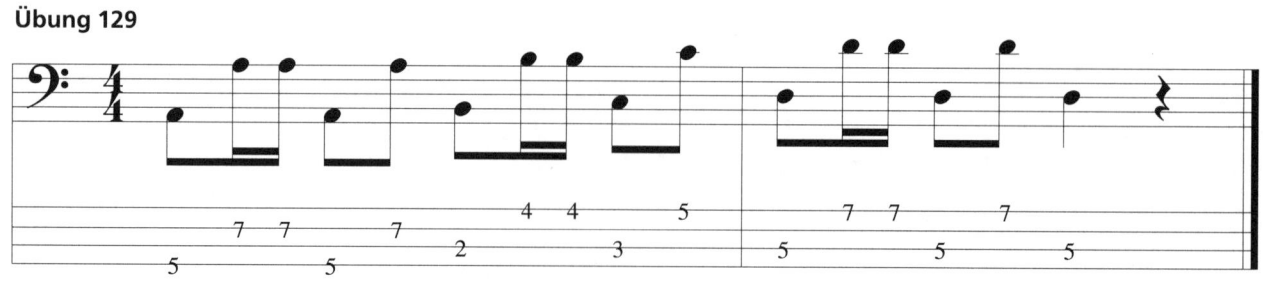

Übung 130

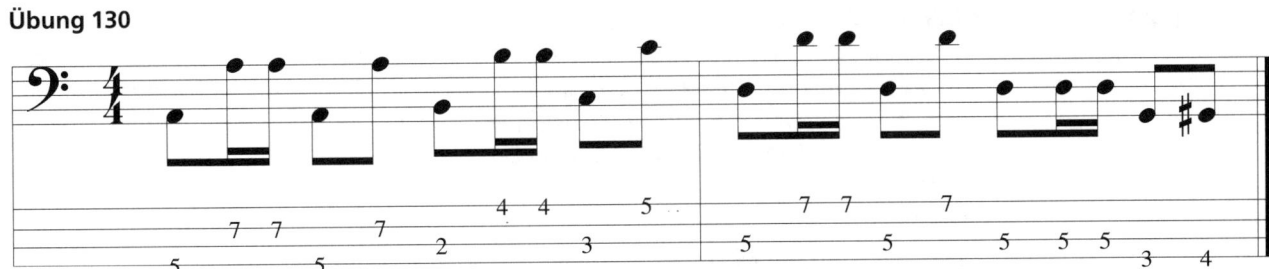

Play Along Song 14 ist identisch mit Play Along Song 13. Nur die Bassline habe ich mit Oktaven variiert. Kleine Ursache, große Wirkung. Der ganze Song klingt auf einmal viel lebhafter.

Funk It Up #2

LV 65 – PB 66 **Play Along Song 14**

© P. Kellert/A. Lonardoni GEMA

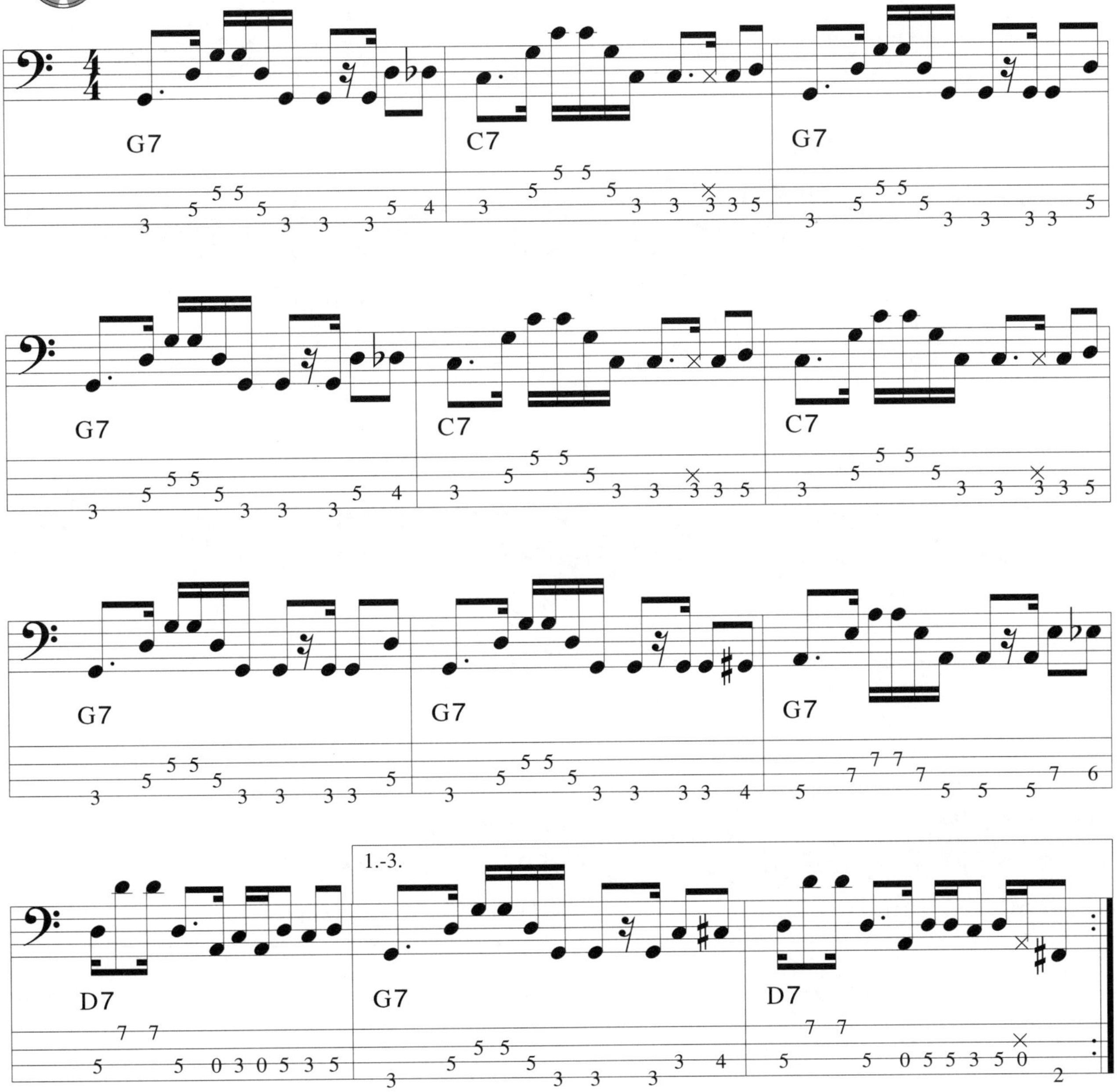

Rhythmische Variante

Die Rhythmik läßt sich im Funk noch weiter variieren. So wie Du Achtel-noten geshuffelt spielen kannst, kannst Du das auch mit Sechzehntel-noten machen. Der nächste Play Along Song HOUSE FUNK ist zum Bei-spiel angeshuffelt gespielt. Der Song erhält dadurch einen "housemäßigen" Charakter.

House Funk

 LV 67 – PB 68 **Play Along Song 15**

© P. Kellert / A. Lonardoni GEMA

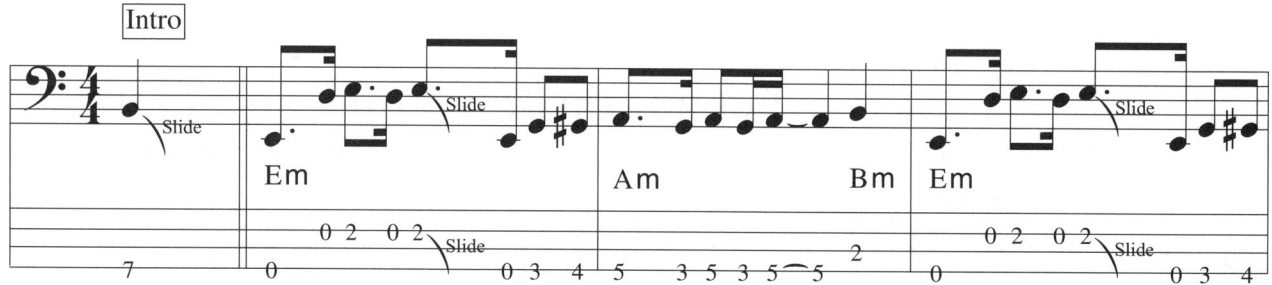

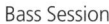

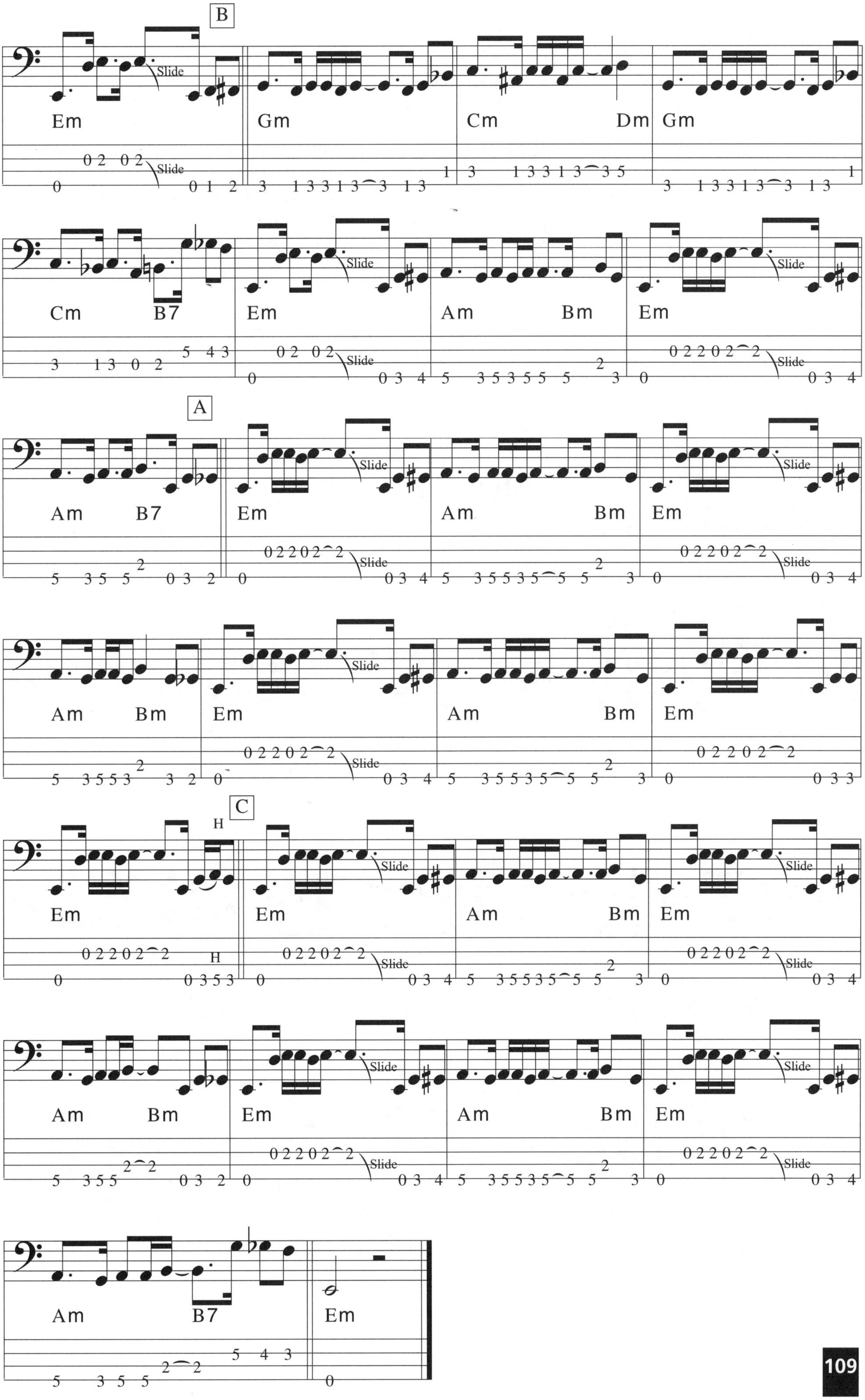
B
Slide
Em Gm Cm Dm Gm
Slide
Cm B7 Em Am Bm Em
Slide
A
Slide
Am B7 Em Am Bm Em
Slide
Slide
Am Bm Em Am Bm Em
Slide
C
H
Slide
Em Em Am Bm Em
H
Slide
Slide
Am Bm Em Am Bm Em
Slide
Am B7 Em

Entscheidenden Einfluß auf die Soul- und Funkmusik hatte die Plattenfirma Motown Records, die einen Top Ten Hit nach dem anderen produzierte, mit Künstlern wie STEVIE WONDER, DIANA ROSS & THE SUPREMES, THE TEMPTATIONS, MARTHA & THE VANDELLAS und unzähligen anderen. Oft war es James Jamerson, der Bassist der Motown Studio Band, der mit seinen markanten Basslines dem Song sein ganz spezielles Feeling verpaßte und so das Hitpotential vergrößerte. James Jamerson hat mit seiner Spielweise das Bass-Spiel in den sechziger Jahren revolutioniert und wurde zum Vorbild unzähliger Bassisten.

Im Play Along Song MOTOWN MOOD habe ich Dir eine Bassline notiert, die im Stil von Altmeister James Jamerson klingt.

Motown Mood

LV 69 – PB 70 Play Along Song 16

© P. Kellert/A. Lonardoni GEMA

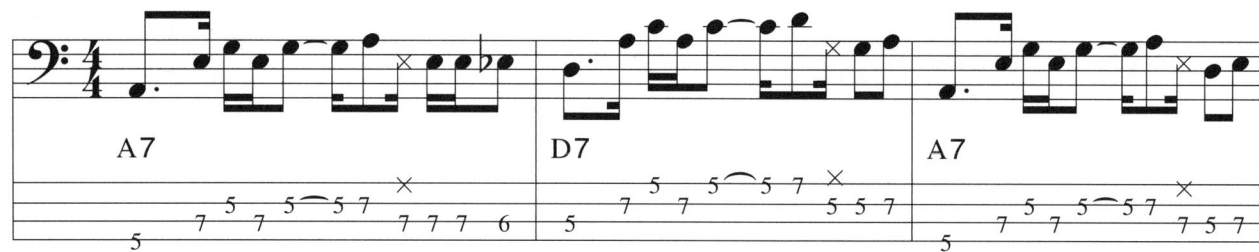

4. Slap It

Slapping ist eine Spieltechnik, die hauptsächlich in der Funk- und Soul-musik eingesetzt wird. In Amerika ist diese Spieltechnik dank Larry Graham seit Anfang der siebziger Jahre populär. Larry, damals Bassist bei der Supergroup SLY AND THE FAMILY STONE, gilt eigentlich als der "Erfinder" des Slapping. In Europa war Slapping zu dieser Zeit nur einem Häufchen Insidern bekannt. Erst der Erfolg der englischen Band LEVEL 42, mit Mark King am Bass, verhalf dieser Spieltechnik in Europa zum Durchbruch.

Larry Graham: Man nennt ihn den Erfinder des Slap Bass. Er war es aber nicht! Es war wohl Pops Foster, Kontrabassist bei King Oliver und Louis Armstrong in der Zeit um 1930 ! (Photo: Bert Gerecht)

Was passiert beim Slapping?

Das Slapping ist eine Kombination aus drei verschiedenen Bewegun-gen:

1. Anschlagen der Saite mit dem Daumen der Schlaghand. Das nennt man **"Slapping".**

2. Anreißen der Saiten mit dem Mittel- oder Zeigefinger der Schlag-hand. Das nennt man **"Popping".**

3. Abdämpfen der angeschlagenen bzw. angerissenen Töne durch die Greifhand.

Natürlich müssen auch noch die "richtigen" Töne gegriffen werden. Auch hier kannst Du die penatonischen Tonleitern bestens einsetzen. Mehr darüber im Kapitel Aufbau von Slap Basslines.

Saitenanschlag beim Slapping

Deine Schlaghand hältst Du wie beim Trampen. Den Daumen nach oben gestreckt, und die übrigen vier Finger in die Handinnenfläche gekrümmt. Lege die Schlaghand etwa im Winkel von 45 Grad an die Saite.

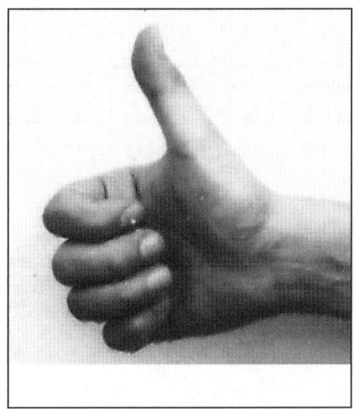 

Wenn Du die Saite anschlägst, darf die Bewegung nur aus Deinem Handgelenk heraus kommen, mit einem kurzen und kräftigen Anschlag. Das ist besonders für schnell gespielte Slapfiguren wichtig, da Du die Bewegungen von Hand und Finger um so schneller ausführen kannst, je kürzer deren Bewegungen sind. Der Ton klingt am besten, wenn Du die Saite am Ende des Griffbretts anschlägst, so wie im Foto oben gezeigt.

Mit den folgenden Übungen kannst Du den richtigen Anschlag der Saite trainieren. Beginne langsam und versuche, Dir zuerst die Bewegungsabläufe einzuprägen. Dann kannst Du das Tempo langsam steigern. Vergiß das Metronom dabei nicht!

Übung 131

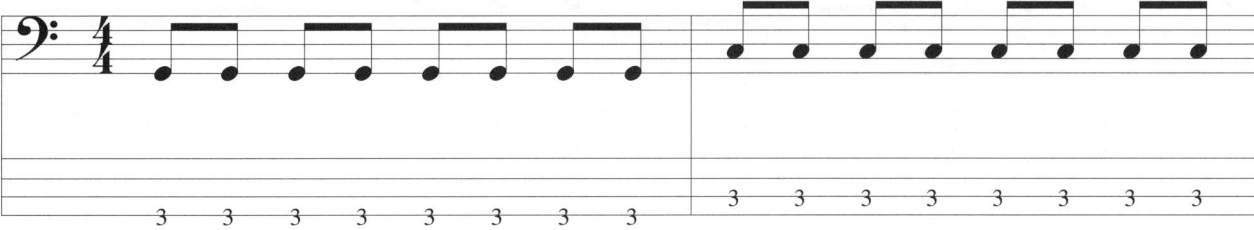

Übung 132

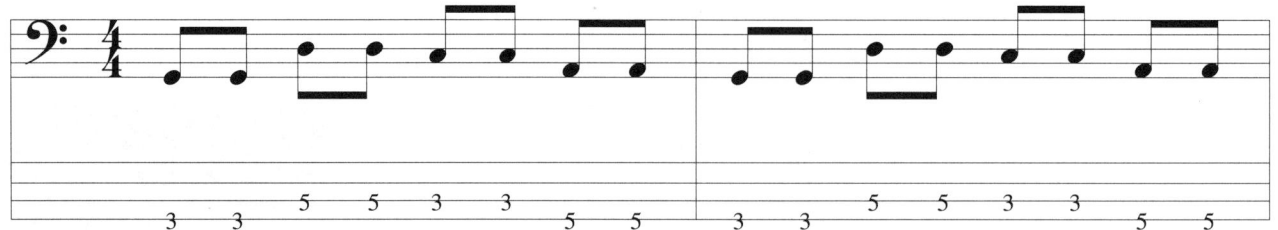

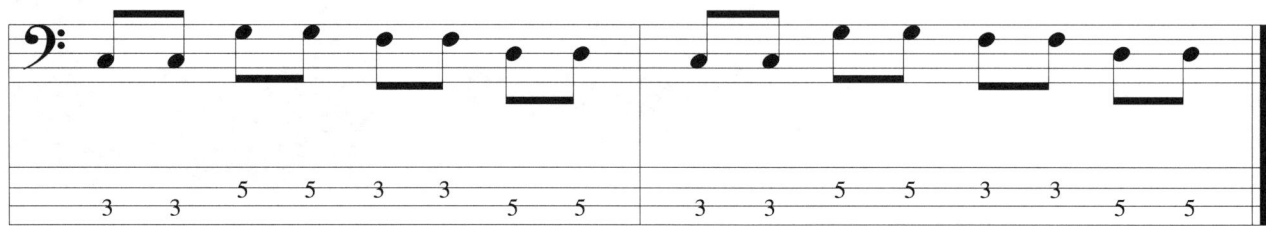

Übung 133

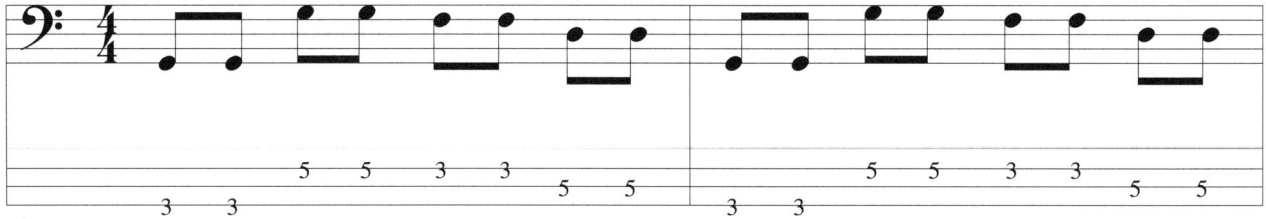

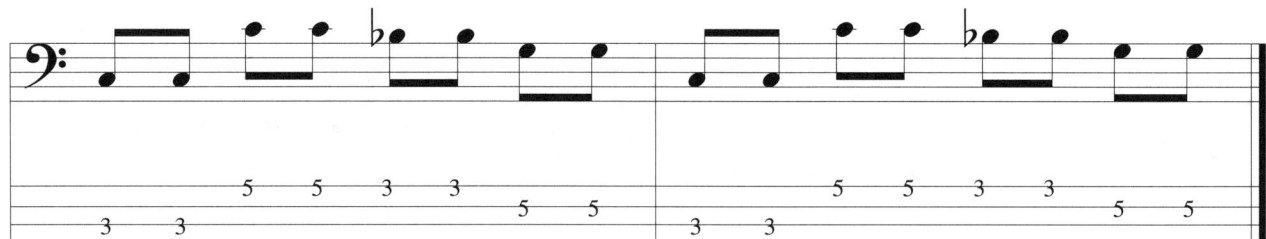

Übung 134

Übung 135

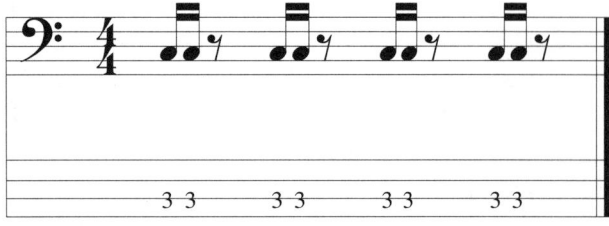

Übung 136

Übung 137

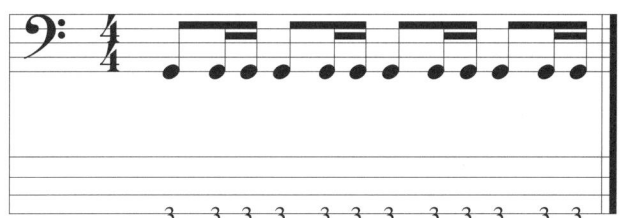

Will Lee: Der „Studiocrack" schlechthin.

Im Groove Track kannst Du die Übungen praktisch anwenden. Achte darauf, daß Dein Daumen an der richtigen Stelle anschlägt und der Ton klar und ohne Nebengeräusche klingt.

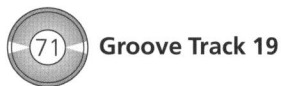 **Groove Track 19**

Slap It #1

© P. Kellert/A. Lonardoni GEMA

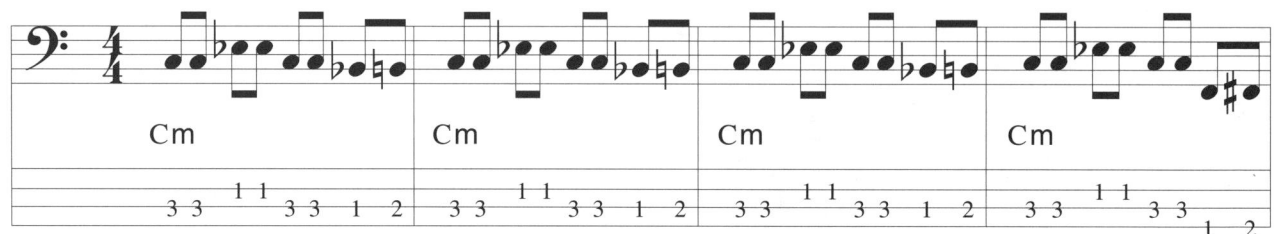

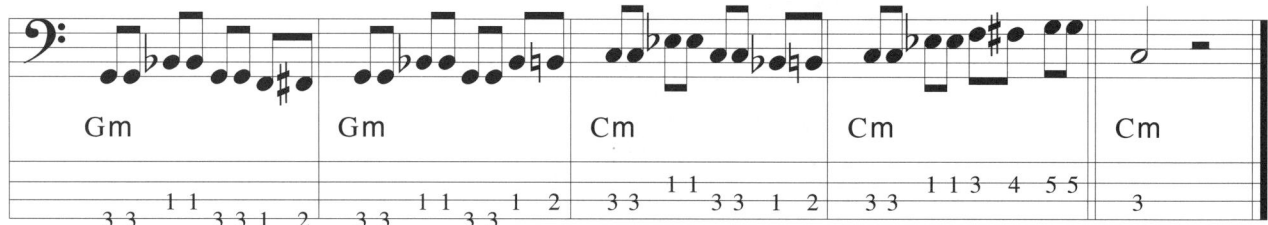

Das Popping Darunter versteht man das Anreißen der Saiten mit dem Zeigefinger oder Mittelfinger der Schlaghand. Du legst die Schlaghand wie vorher besprochen mit der Tramperhaltung an die Saite. Zeige- und Mittelfinger sind zur Handinnenfläche hineingebogen und berühren mit den Fingerspitzen die Saite, die Du so bequem anreißen kannst. Die folgenden beiden Fotos zeigen Dir die korrekte Haltung beim Popping. Einmal von vorne, und einmal aus Deiner Sicht.

Etwas schwieriger wird es, wenn Du die D-Saite anreißen mußt, da Du hierfür mit Zeige- und Mittelfinger zwischen die Saiten mußt. Mit den folgenden Übungen kannst Du das bestens trainieren. In den Noten/TAB wird die anzureißende Saite mit einem "P" gekennzeichnet.

Übung 138

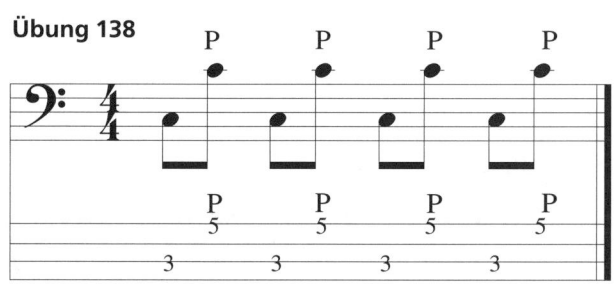

Übung 139

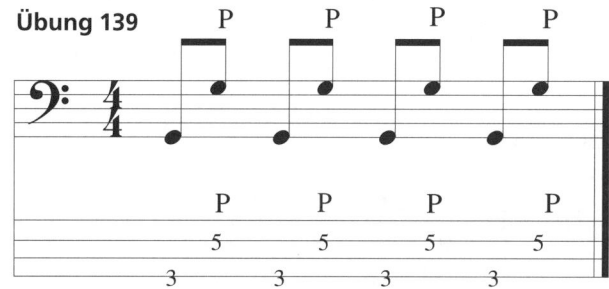

Übung 140

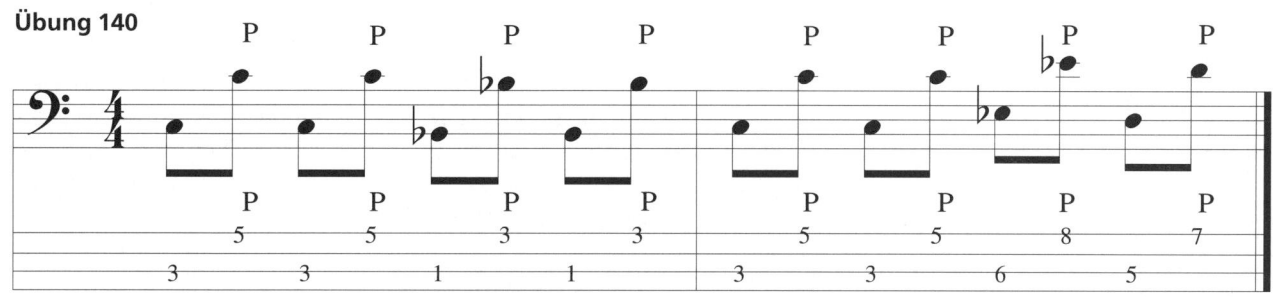

Übung 141

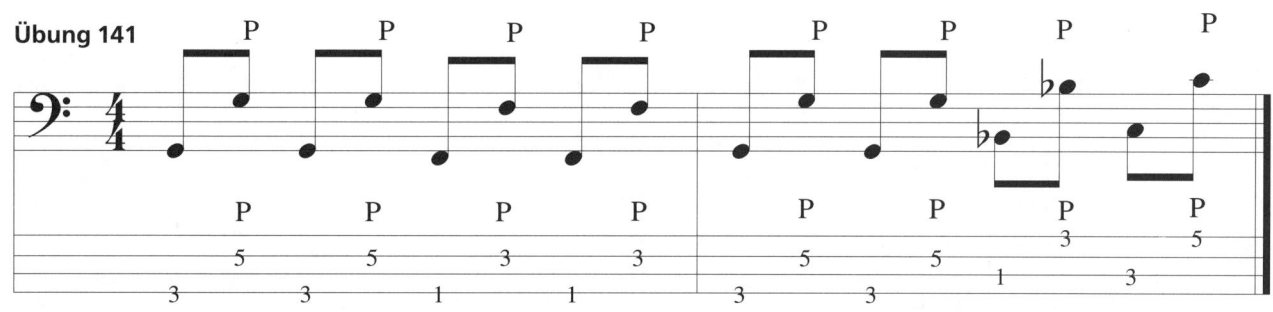

Übung 142

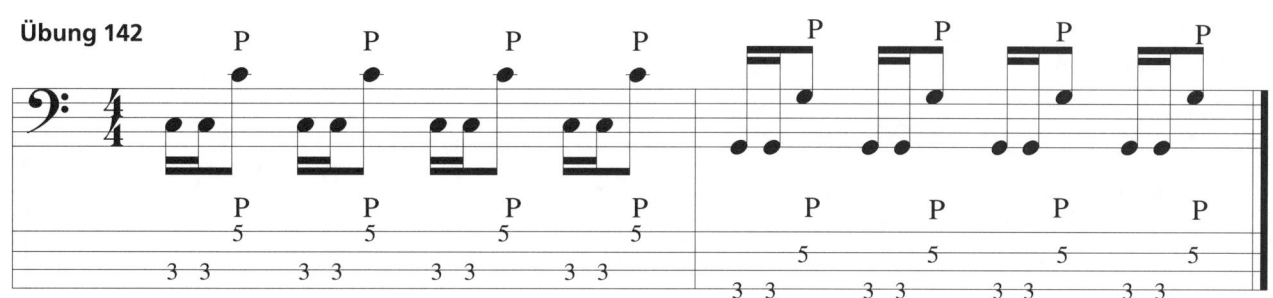

Übung 143

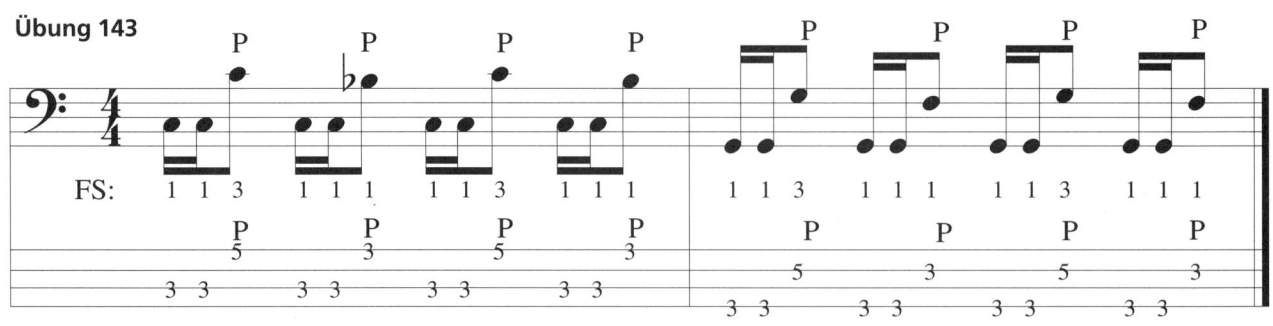

Übung 144

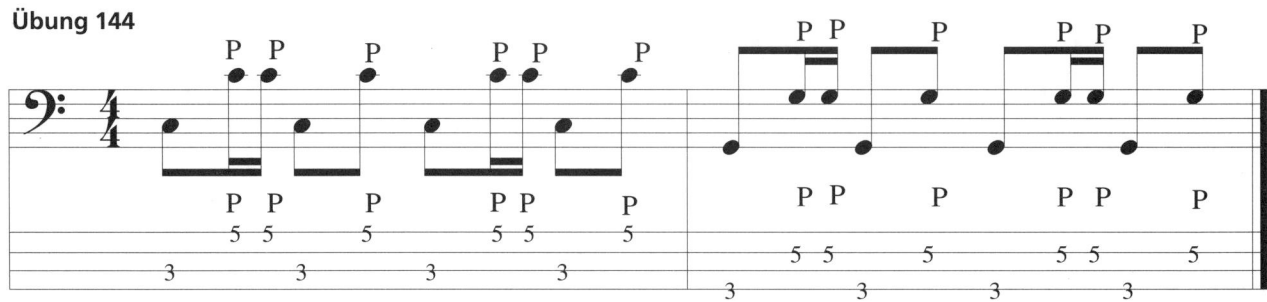

Bei der Poppingtechnik ist auch die Kraft, mit der die Saite angerissen wird, von Bedeutung. Oft klingt das dann eher nach "Schlappbass", als nach Slapbass. Die Saite nur ganz zart anzureißen ist ebenso falsch wie die Brutalomasche. Du solltest hier einen Mittelweg finden, um die Saite gut zum Klingen zu bringen.

Steht über einer Note ein Punkt, dann spiele die Note, unabhängig von ihrem tatsächlichen Notenwert, so kurz wie möglich. Die Länge des Tones wird dabei durch die Greifhand kontrolliert. Wenn der Ton also möglichst kurz sein soll, mußt Du die Saite direkt nach dem Anschlagen durch Entspannen Deiner Greifhand abdämpfen. Im nächsten Groove Track kannst Du das üben.

(72) **Groove Track 20**   # Slap It #2   © P. Kellert / A. Lonardoni GEMA

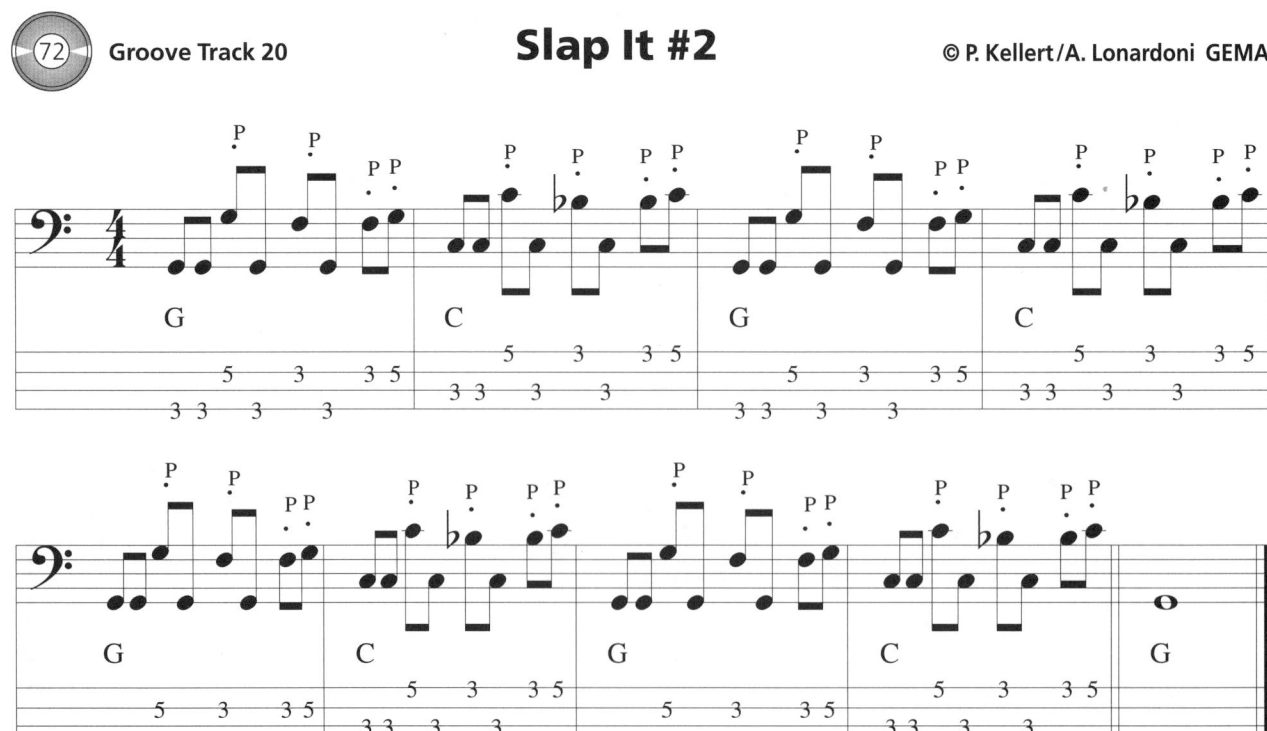

Im Play Along Song SLAPPING HARD kannst Du die Slap/Pop Kombinationen bestens einsetzen.

LV 73 – PB 74 **Play Along Song 17**

Slapping Hard

Abdämpfen der mitschwingenden Saite

Beim Slapping ist es besonders störend, wenn Leersaiten mitschwingen und störende Nebengeräusche produzieren. Auch wenn Töne nicht sauber gegriffen werden, können Schnarrgeräusche entstehen. Diese Probleme treten dann auf, wenn Deine Greifhand die Töne nicht sauber greift. Greifst Du zum Beispiel mit dem Zeigefinger einen Ton auf der E-Saite, so dämpfen Mittel-, Ring- und kleiner Finger die restlichen darüberliegenden Saiten ab.

Greifst Du mit dem Zeigefinger einen Ton auf der A-Saite, so dämpfen Ringfinger und kleiner Finger die höheren Saiten ab, während der ausgestreckte Mittelfinger die E-Saite am Mitschwingen hindert.

Dead Notes beim Slapping

Dead Notes kennst Du ja schon aus dem Funk Kapitel. Dem Slapping geben die Dead Notes seinen typischen perkussiven Charakter.

Hier ein paar Übungen, um Dead Notes beim Slapping zu trainieren.

Übung 145

Übung 146

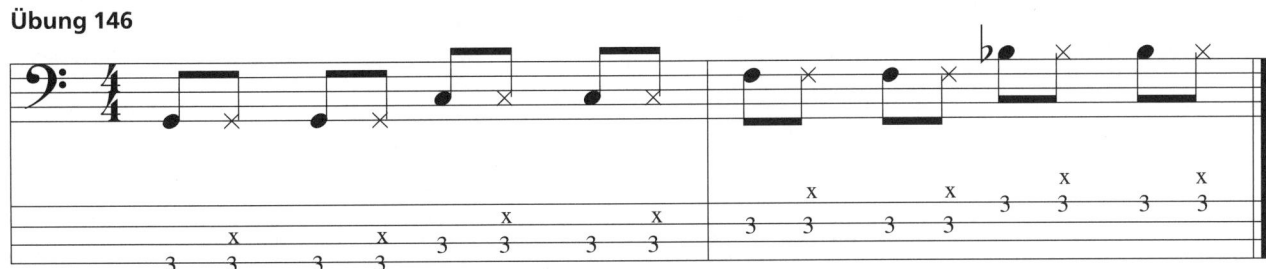

Übung 147

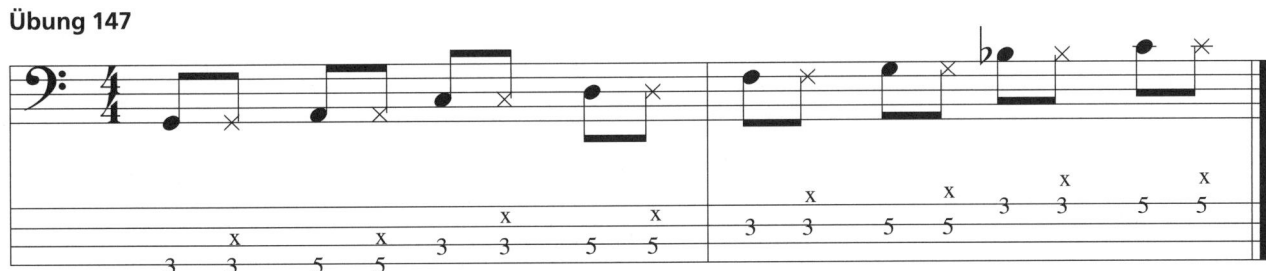

Übung 148

Übung 149

Im folgenden Groove Track kannst Du das Spielen von Dead Notes trainieren. Achte darauf, daß die Dead Notes immer klar und deutlich zu hören sind.

 **Groove Track 21**   # **Slap It #3**   © P. Kellert / A. Lonardoni GEMA

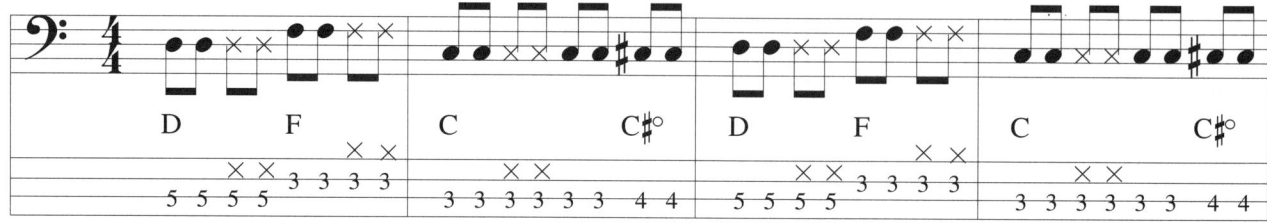

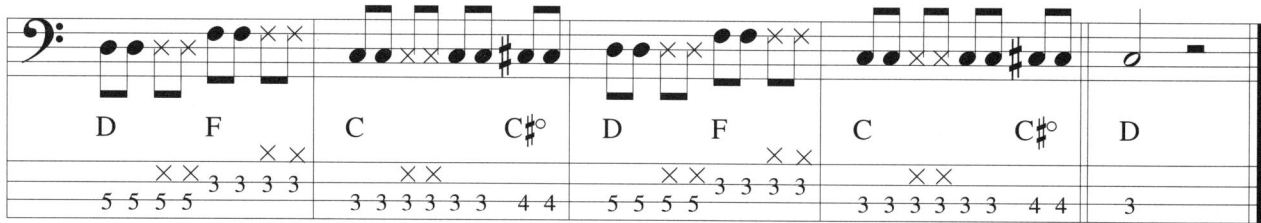

Dead Note Hammering

Das ist eine Mischung aus Hammer On und Dead Notes. Dead Note Hammering läßt sich in drei Schritte aufteilen und am einfachsten über das Spielen auf Leersaiten erklären.

1. Schlage mit Deiner Schlaghand die leere E-Saite an. Deine Greifhand berührt die Saiten nicht.

2. Nun schlägt Deine Greifhand mit allen Fingern auf den Instrumentenhals. Dabei werden die Saiten gegen die Bundstäbe geschlagen und erzeugen so ein perkussives Geräusch.

Es ist wichtig, Zeige-, Mittel-, Ring- und kleinen Finger zu verwenden, um Nebengeräusche beim Anschlagen zu vermeiden.

3. Nach dem Anschlagen verringert die Greifhand ihren Druck auf die Saiten, bleibt aber auf den Saiten liegen. Die abgedämpfte Saite wird nun mit der Schlaghand angeschlagen und erzeugt so weitere Dead Notes.

Die nächsten Übungen werden Dir helfen, in dieser Technik sicher zu werden. Sie zeigen Dir ebenfalls, wie Du das Dead Note Hammering auch mit gegriffenen Tönen spielen kannst.

Übung 150

Übung 151

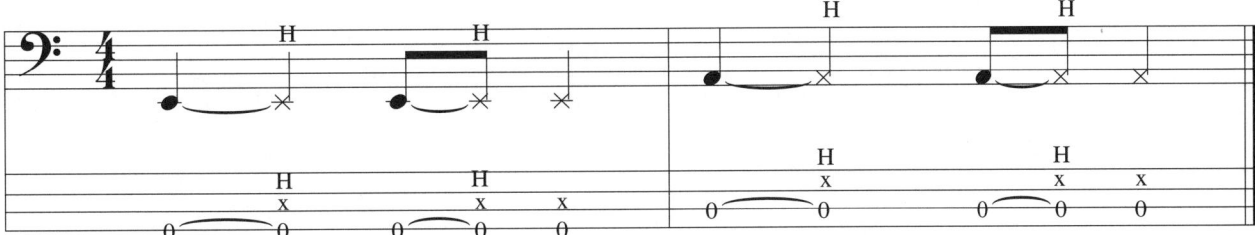

Übung 152

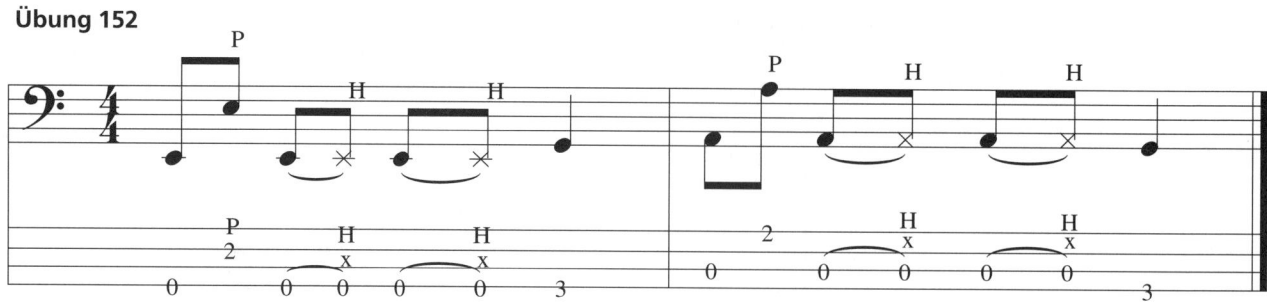

Übung 153

Im nächsten Groove Track setzen wir diese Technik in die Praxis um.

Slap It #4

Groove Track 22

© P. Kellert/A. Lonardoni GEMA

Aufbau von Slap Basslines

Mit den pentatonischen Tonleitern und der Bluestonleiter kannst Du auf einfache Weise eigene Slap Basslines komponieren. Ich zeige Dir das mit einer Slap Bassline, die auf den Tönen der E-Mollpentatonik basiert. Die Bassline beginnt ganz einfach und wird durch rhythmische Variationen, Dead Notes, Hammering usw. konsequent weiterentwickelt.

In der folgenden Abbildung siehst Du den Slapgroove, von dem wir ausgehen.

Abbildung 58

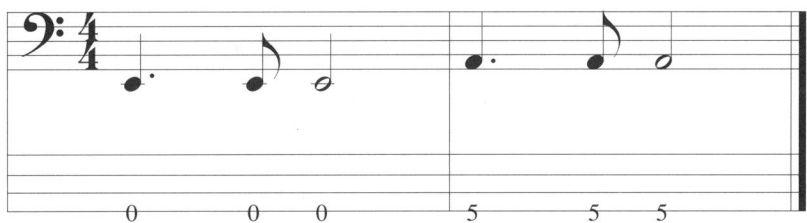

Victor Bailey: Jaco Pastorius Nachfolger bei Weather Report. (Photo: Bert Gerecht)

Diesen Groove beginne ich nun zu variieren. Als erstes werde ich ein paar Durchgangstöne einbauen. Auf diese Weise kommt melodische und harmonische Bewegung in die Bassline, die aber trotzdem ihren ursprünglichen Charakter beibehält.

Groove Development #1

 Groove Track 23

© P. Kellert / A. Lonardoni GEMA

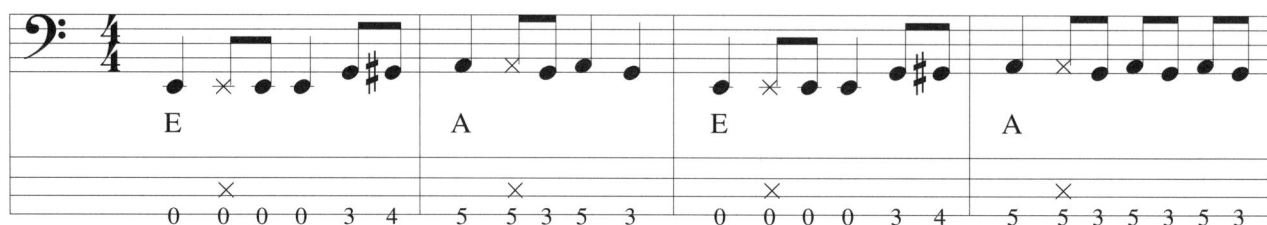

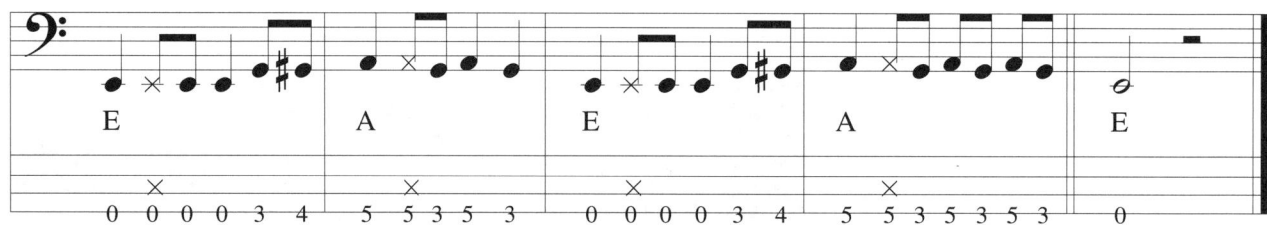

Nun beginne ich die Rhythmik etwas zu verändern. Anstatt immer nur Achtelnoten zu spielen, werden an manchen Stellen Sechzehntelnoten eingebaut.

Groove Development #2

 Groove Track 24

© P. Kellert / A. Lonardoni GEMA

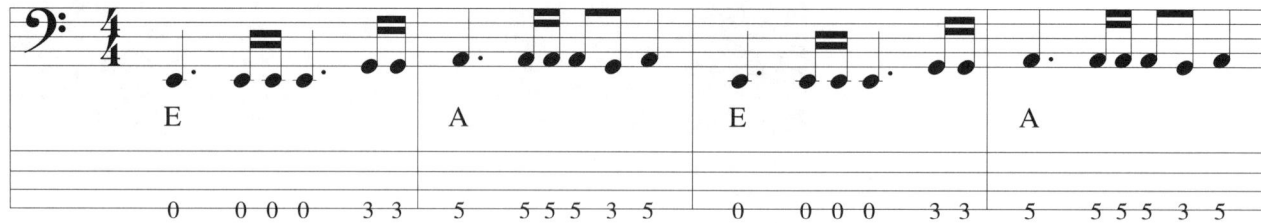

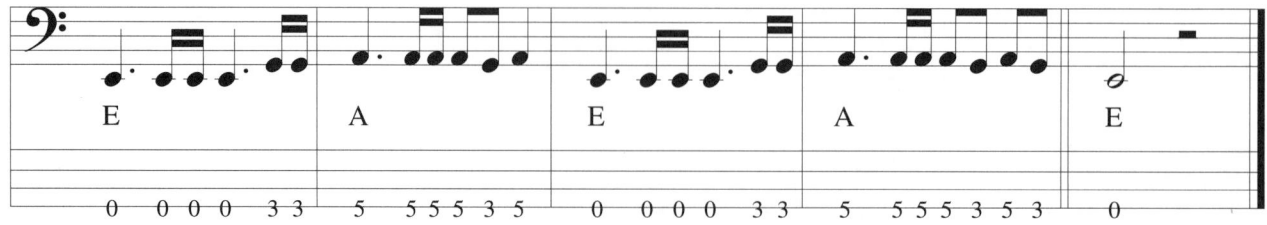

Der nächste Groove Track ist eine Kombination der beiden vorangegangenen. Durchgangstöne und rhythmische Variationen werden
gemischt.

Groove Development #3

 **Groove Track 25** © P. Kellert/A. Lonardoni GEMA

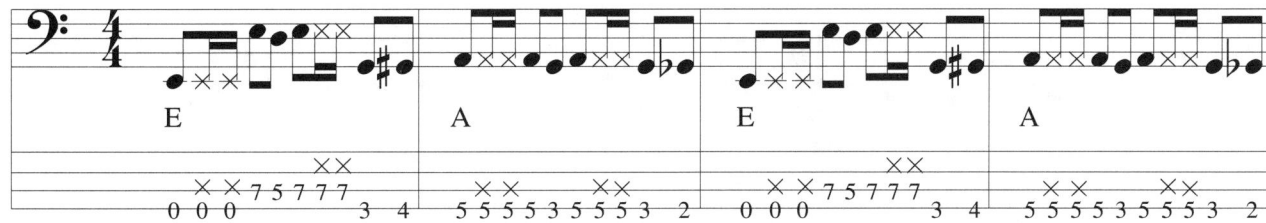

Mit Oktaven verändern wir die Bassline immer weiter von der
ursprünglichen Ausgangsfigur weg.

Groove Development #4

Groove Track 26 © P. Kellert/A. Lonardoni GEMA

127

Nun bauen wir noch Dead Notes, Dead-Note-Hammering, Hammer On und ähnliches ein. Dadurch klingt die Bassline jetzt ziemlich lebhaft. Aber Vorsicht! Manchmal kann das schon zuviel des Guten sein.

Groove Development #5

Groove Track 27

© P. Kellert / A. Lonardoni GEMA

Nun hast Du gesehen, wie Du eine einfache Slap Bassline immer weiter entwickeln kannst. Daß Dein Timing dabei stimmen muß, ist Voraussetzung. Wenn Du Timingprobleme beim Slapping hast, sind das fast immer technische Probleme. Wenn Du beim Slapping darüber nachdenken mußt, "wie der Slapgroove denn geht", dann "wackelt" Dein Timing unter Garantie. Du mußt also dafür sorgen, daß Deine Finger alles, was Dir in den Sinn kommt, sofort umsetzen können. Und da gibt's keinen Trick, da hilft nur eins, nämlich Üben.

Damit Du auch genug Übungsmaterial hast, habe ich für Dich noch eine Reihe cooler Slapgrooves aufgeschrieben.

Übung 154

Übung 155

Übung 156

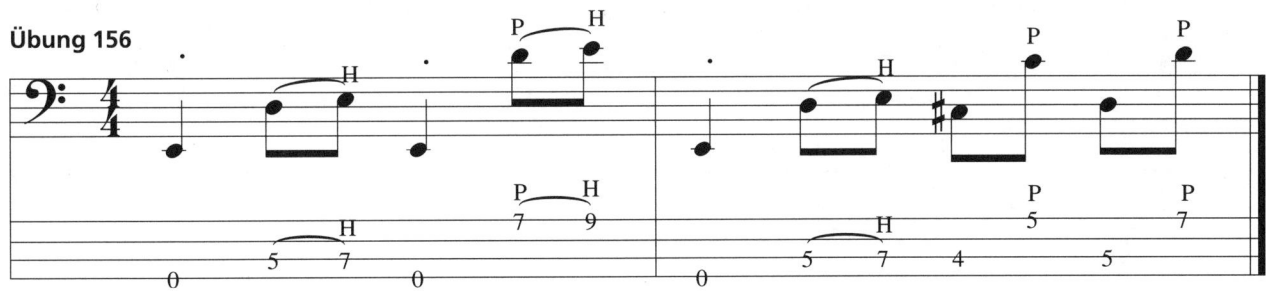

Übung 157

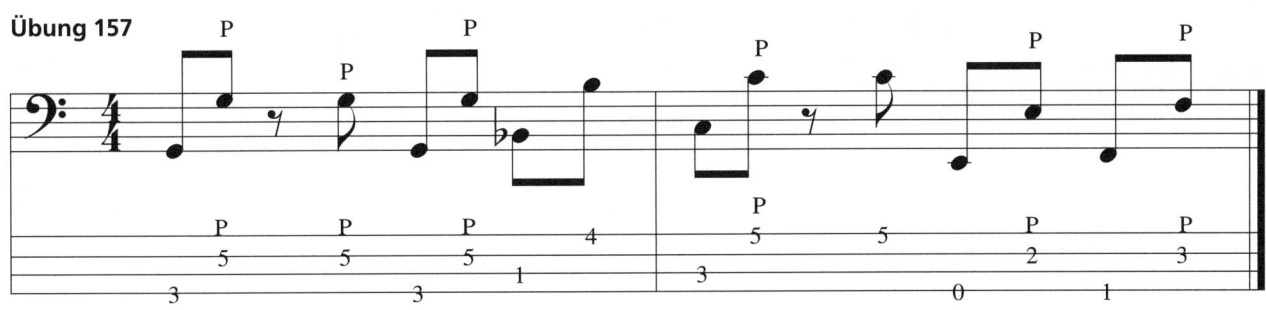

Übung 158

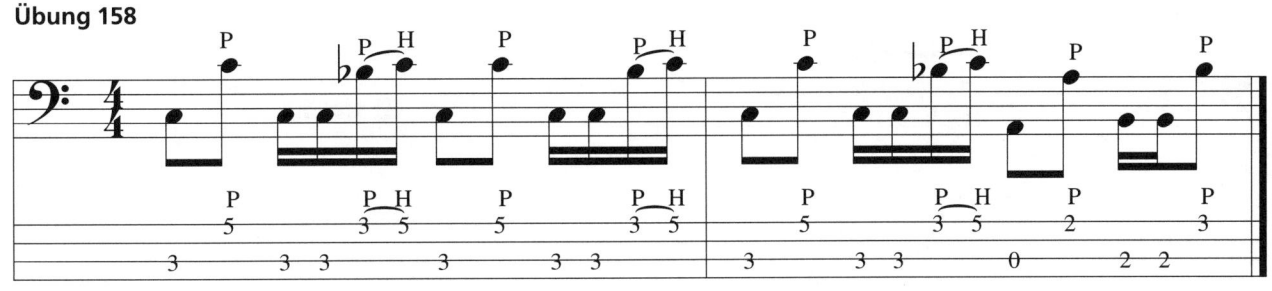

Übung 159

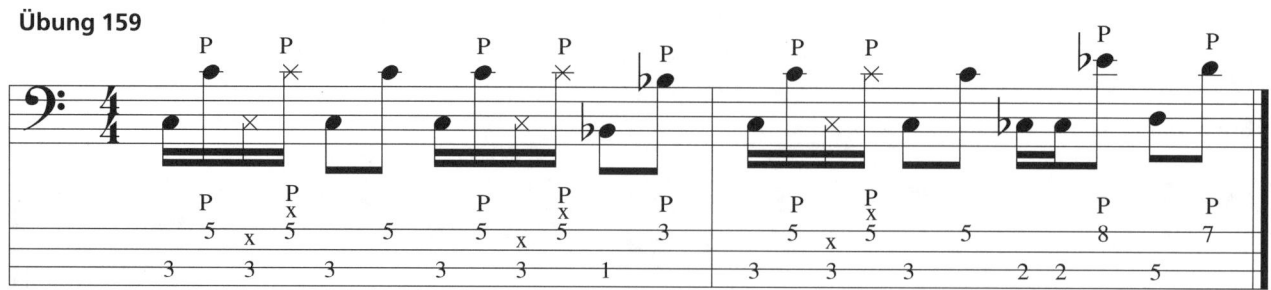

Übung 160

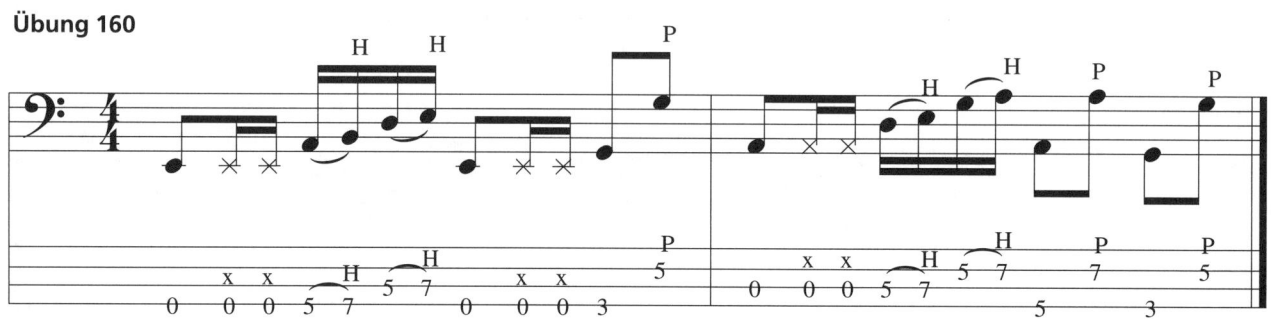

Übung 161

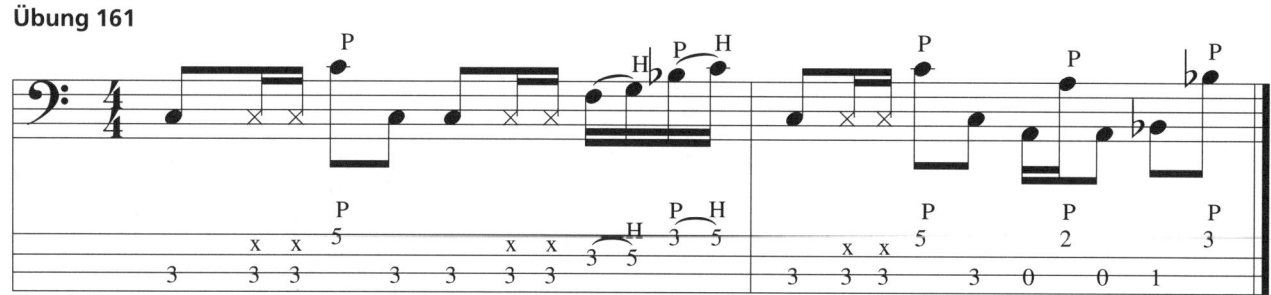

Übung 162

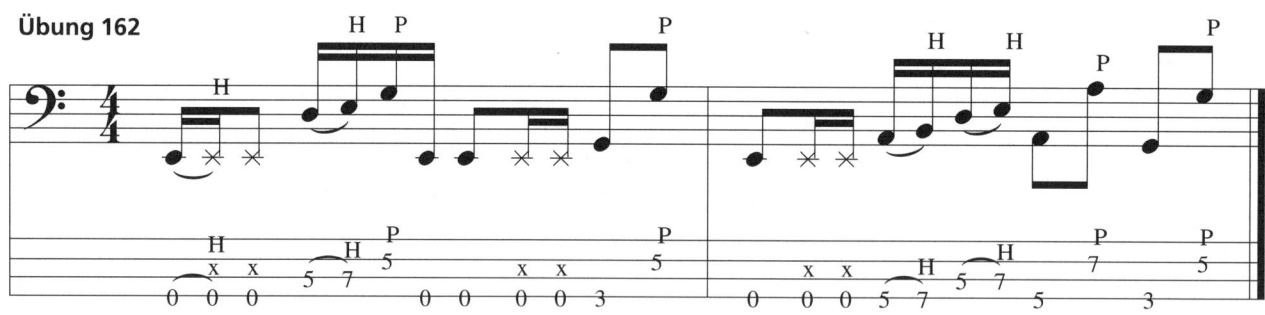

Übung 163

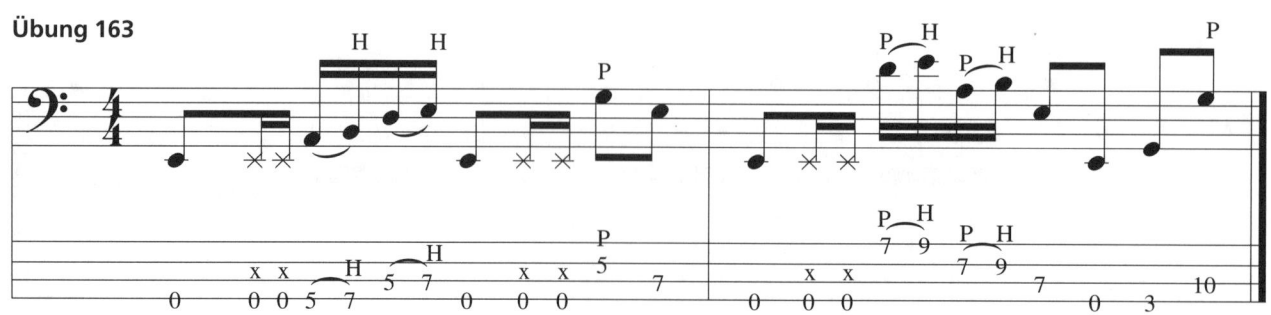

Eines darfst Du bei allem Üben nie vergessen: Du solltest immer Musik machen, und da muß nicht immer der schwerste, ausgetüftelste Slappbassgroove mit den meisten Noten der Beste sein. Weniger ist auch hier meist mehr. Die raffinierten Figuren solltest Du Dir immer für's Solo aufheben. Sonst ist das Pulver schon vorher verschossen.

Die wichtigsten Punkte der Slapping Technik habe ich Dir jetzt erklärt und gezeigt. Wenn Du Dich in aller Tiefe mit dem Thema Slapping auseinandersetzen möchtest, solltest Du einen Blick in **MODERN ELECTRIC BASS 2 - ADVANCED** werfen. Da erfährst Du neben vielen anderen interessanten Dingen alles über so abgefahrene Slaptechniken wie SUPERSLAP, SLAPTAP, FLAMENCO SLAP, TWO TONE SLAP.....

Im Song SLAP THAT BASS habe ich alles, was ich Dir im Bezug auf Slapping bisher gezeigt habe, in die Bassline eingebaut. Hier kannst Du mal so richtig den Daumen "qualmen" lassen.

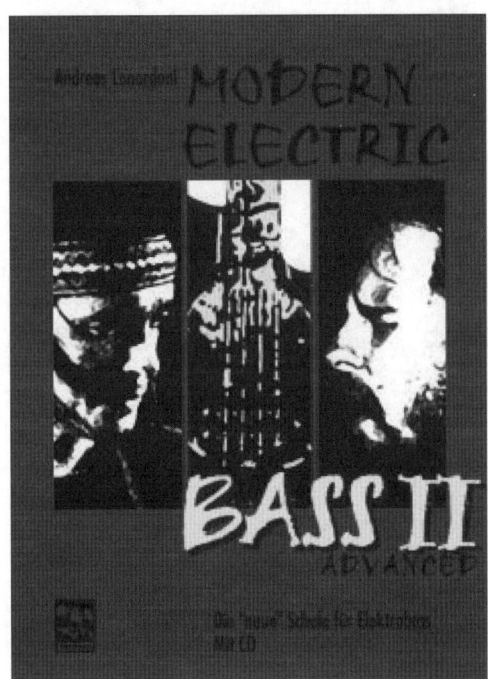

Slap That Bass

 **LV 82 – PB 83 Play Along Song 18**

© P. Kellert/A. Lonardoni GEMA

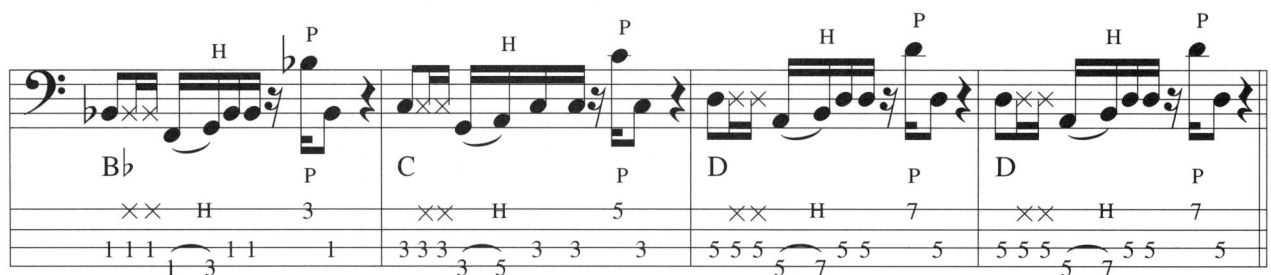

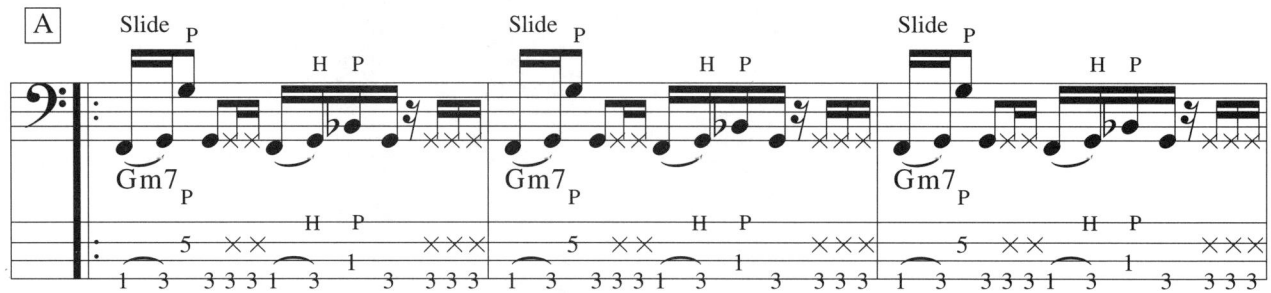

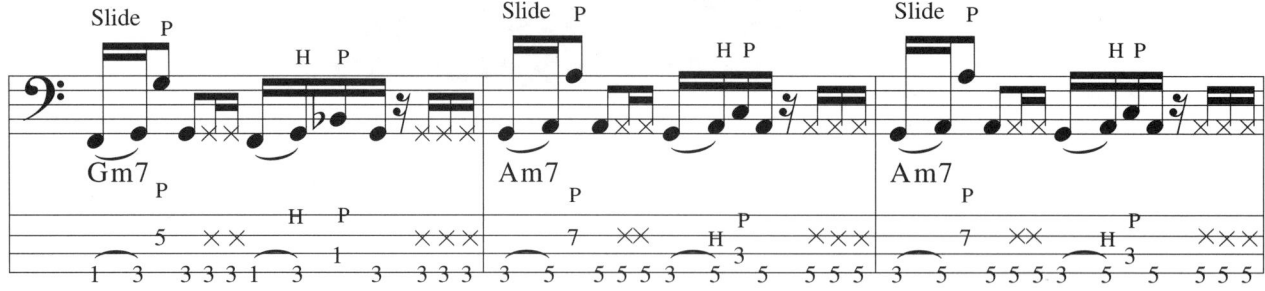

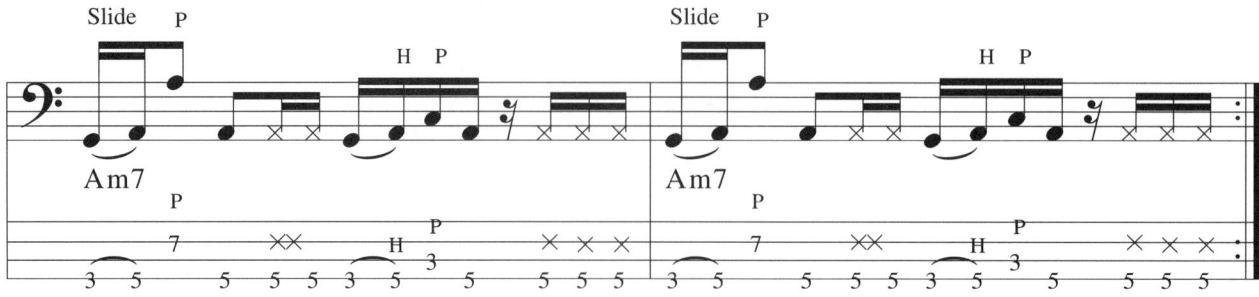

5. Was du noch wissen solltest

Warm Up's Vor dem eigentlichen Spielen solltest Du immer erst einmal Sehnen und Gelenke von Schlag- und Greifhand aufwärmen. Dafür gibt es einige spezielle Aufwärmübungen, die ganz nebenbei auch das Zusammenspiel von Schlag- und Greifhand verbessern. Diese Übungen sollen Dir wie immer als Anregung für eigene, selbst erfundene Übungen dienen.

Lasse zu den Übungen immer das Metronom mitlaufen und beginne die Übungen in einem langsamen Tempo. Versuche, dieses Tempo von Woche zu Woche ein wenig zu steigern.

Warm Up's für die Greifhand Auf jeden Bund wird ein Finger gesetzt. Die vier Finger, mit denen gegriffen wird, werden numeriert:

Zeigefinger   = 1
Mittelfinger   = 2
Ringfinger   = 3
Kleiner Finger = 4

In Übung 164 habe ich alle Möglichkeiten, diese Finger miteinander zu kombinieren, aufgeschrieben. Spiele alle diese Möglichkeiten einmal durch. Am Anfang, wenn die Finger noch nicht so beweglich sind, kannst Du die Übungen auch weiter oben am Hals machen, wo die Bünde nicht so weit auseinander liegen. Achte darauf, daß sich Deine Finger beim Greifen nicht zu weit vom Basshals wegbewegen. Versuche kleine Bewegungen zu machen.
Übung 164:

1234	2134	3124	4123
1243	2143	3142	4132
1324	2314	3241	4231
1342	2341	3214	4213
1423	2431	3412	4321
1432	2413	3421	4312

Wenn Du alles gespielt hast, wirst Du feststellen, daß bei einigen Kombinationen die Finger noch nicht optimal laufen.
Diese solltest Du dann speziell üben, bis sie genauso gut funktionieren wie die anderen.

Hier sind noch weitere Übungen zum Aufwärmen der Greifhand.

Übung 165

Übung 166

Übung 167

Übung 168

Warm Up's für die Schlaghand

Schaust Du Dir die folgenden vier Übungen an, erkennst Du sofort deren Grundlage, die Akzentverschiebung. Du beginnst die Übung zwar immer mit dem gleichen Finger und verwendest den Wechselschlag, verschiebst aber von Übung zu Übung die Akzente.

Übung 169

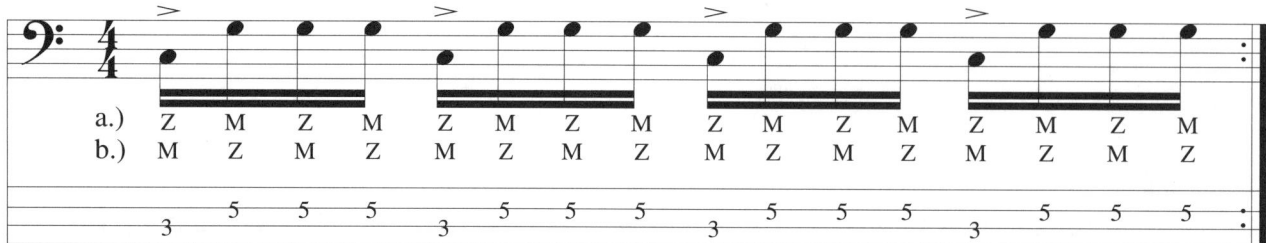

Übung 170

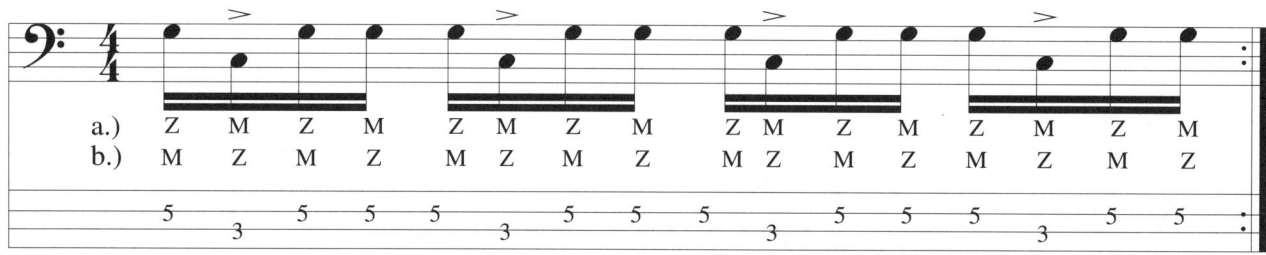

Übung 171

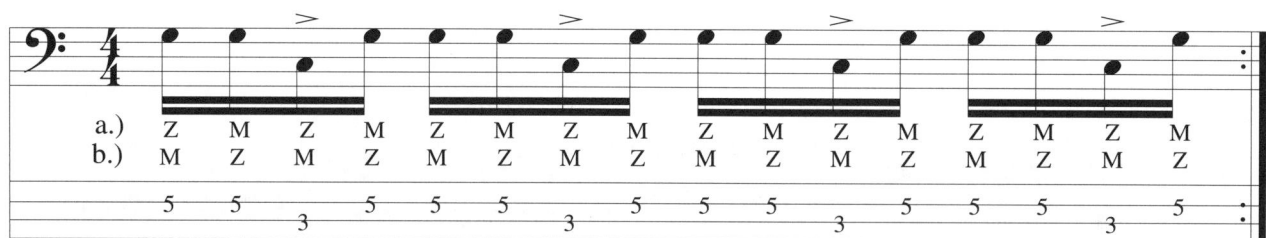

Übung 172

Warm Up's für Greif- und Schlaghand

Die sinnvollste Übung ist hier die sogenannte Spinne. Sie besteht aus unterschiedlichen Bewegungsabläufen der Greifhand und Anschlägen der Schlaghand. Nachstehend habe ich Dir die wichtigsten "Spinnen-übungen" notiert. Wichtig ist hierbei, daß alle Finger immer auf den Saiten aufliegen und nur dann bewegt werden, wenn sie an der Reihe sind.

Übung 173

Übung 174

Übung 175

Übung 176

Übung 177

Übung 178

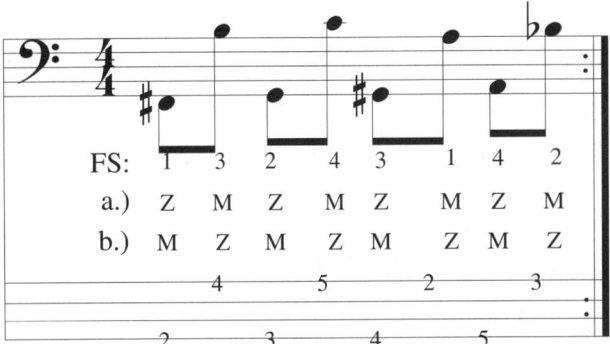

Harmonielehre für Bassisten

Dieses Kapitel gibt Dir einen Überblick über die Grundlagen der Harmonielehre. Es ist als Nachschlagekapitel gedacht und wird Dir auf viele theoretische Fragen die richtige Antwort geben. Das eine oder andere Thema in diesem Kapitel haben wir im Buch schon kurz angeschnitten. Hier kannst Du Dein Wissen vertiefen.

Intervalle

Unter dem Begriff Intervall versteht man den Abstand zwischen zwei Tönen. Für Dich sind die Intervalle innerhalb einer Oktave von Bedeutung. Die folgende Tabelle zeigt Dir diese Intervalle.

Abbildung 59

Bei den Intervallen unterscheidest Du zwei verschiedene Gruppen.

1. Die Intervalle mit einer Grundform:

- Reine Prime
- Reine Quarte
- Reine Quinte
- Reine Oktave

2. Die Intervalle mit zwei Grundformen:

- kleine und große Sekunde
- kleine und große Terz
- kleine und große Sexte
- kleine und große Septime

Darüber hinaus kann jedes Intervall noch erhöht oder erniedrigt werden. Man spricht dann von **verminderten** und **übermäßigen** Intervallen. Du erhältst dadurch aber eigentlich keine neuen Töne, sondern es ergeben sich Überschneidungen mit bereits vorhandenen Intervallen. So ist eine verminderte Quinte (C-Ges) auf dem E-Bass zum Beispiel nichts anderes als eine übermäßige Quarte (C-Fis). Haben zwei Töne dieselbe Tonhöhe aber unterschiedliche Namen, nennt man das eine **enharmonische Verwechslung.**

Nimmst Du alle bei den Intervallen entstehenden Töne und reihst sie aneinander, entsteht die sogenannte chromatische Tonleiter. Diese Tonleiter besteht aus lauter Halbtonschritten.

Abbildung 60

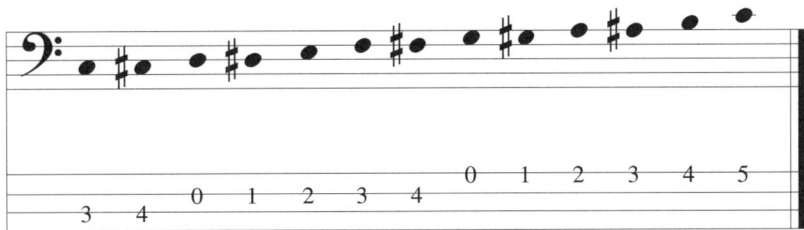

Durtonleiter

Eine Tonleiter ist ein Aneinanderreihung von Tönen, die in verschiedenen Abständen zueinander stehen. Die Lage der Halbtonschritte bestimmt das Tongeschlecht der Tonleiter. Die gebräuchlichste und bekannteste Tonleiter ist die Durtonleiter. Sie besteht aus Ganztonschritten und Halbtonschritten, wobei zwei Halbtonschritte einen Ganztonschritt ergeben. Die Halbtonschritte liegen zwischen dem 3. und 4. sowie dem 7. und 8. Ton. Zwischen allen anderen Tönen liegen Ganztonschritte.

Die folgende Abbildung zeigt Dir eine solche Durtonleiter mit dem Grundton "C". Das Zeichen " ⌐‾‾‾¬ " zeigt Dir die Lage der Ganztonschritte, das Zeichen " ⌃ " die Lage der Halbtonschritte.

Abbildung 61

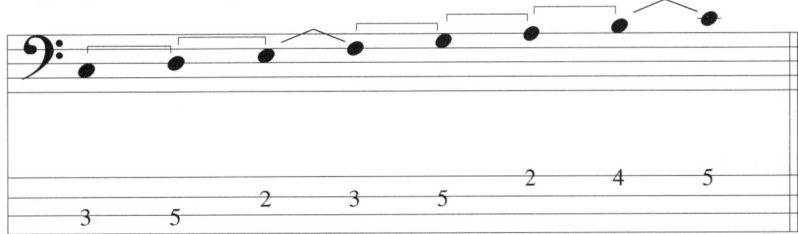

Willst Du eine neue Durtonleiter notieren, mußt Du nur dafür sorgen, daß die Abstände zwischen den Tönen dem Grundmuster der Durtonleiter entsprechen. Die Halbton- und Ganztonschritte müssen an den richtigen Stellen stehen. Das machst Du, indem Du Töne mit Hilfe der beiden Versetzungszeichen entweder erhöhst (#) oder erniedrigst (b).

Ich zeige Dir das einmal am Beispiel der G-Durtonleiter. Schreibe zunächst die Töne der Durtonleiter von G bis G auf. Wenn Du die Position der Halbtonschritte untersuchst, stellst Du fest, daß der erste Halbtonschritt zwischen dem 3. und 4. Ton, der zweite aber zwischen dem 6. und 7. Ton liegt. Damit Du den Halbtonschritt an der richtigen Stelle, also zwischen dem 7. und 8. Ton erhältst, mußt Du den 7. Ton unserer Tonleiter mit einem Kreuz erhöhen. Aus dem Ton "F" wird dadurch der Ton "Fis".

Abbildung 62

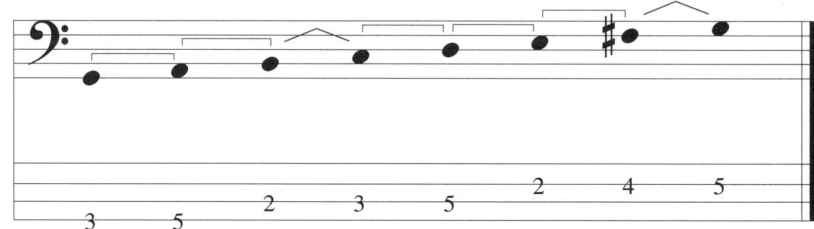

Steht ein kompletter Song in der Tonart G-Dur, so wird nur am Anfang jeder Notenzeile das Kreuz als sogenanntes **Vorzeichen** notiert. Es gilt dann für den ganzen Song.

Abbildung 63

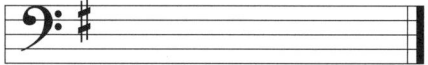

Da die Abstände zwischen den einzelnen Tönen für jede Durtonleiter gleich sind, bleibt auch der Fingersatz, mit dem Du diese Tonleitern greifen kannst, immer gleich. Wenn Du also die C-Durtonleiter innerhalb einer Oktave mit dem richtigen Fingersatz geübt hast, brauchst Du nur die Greifhand um zwei Bünde nach oben schieben, Richtung Tonabnehmer also, und kannst mit dem gleichen Fingersatz die D-Durtonleiter spielen. Dein Fingersatz ändert sich nur dann, wenn Du die Tonleitern über Leersaiten spielst.

Neben dem Fingersatz solltest Du auch die Töne der Tonleitern kennen. Am schlauesten ist es daher, die Töne der jeweiligen Tonleiter auswendig zu lernen.

Im folgenden habe ich alle Durtonleitern für Dich notiert.

Abbildung 64

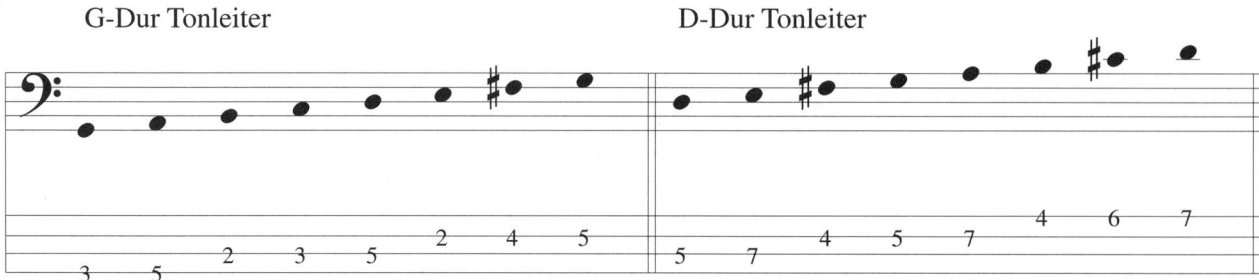

G-Dur Tonleiter   D-Dur Tonleiter

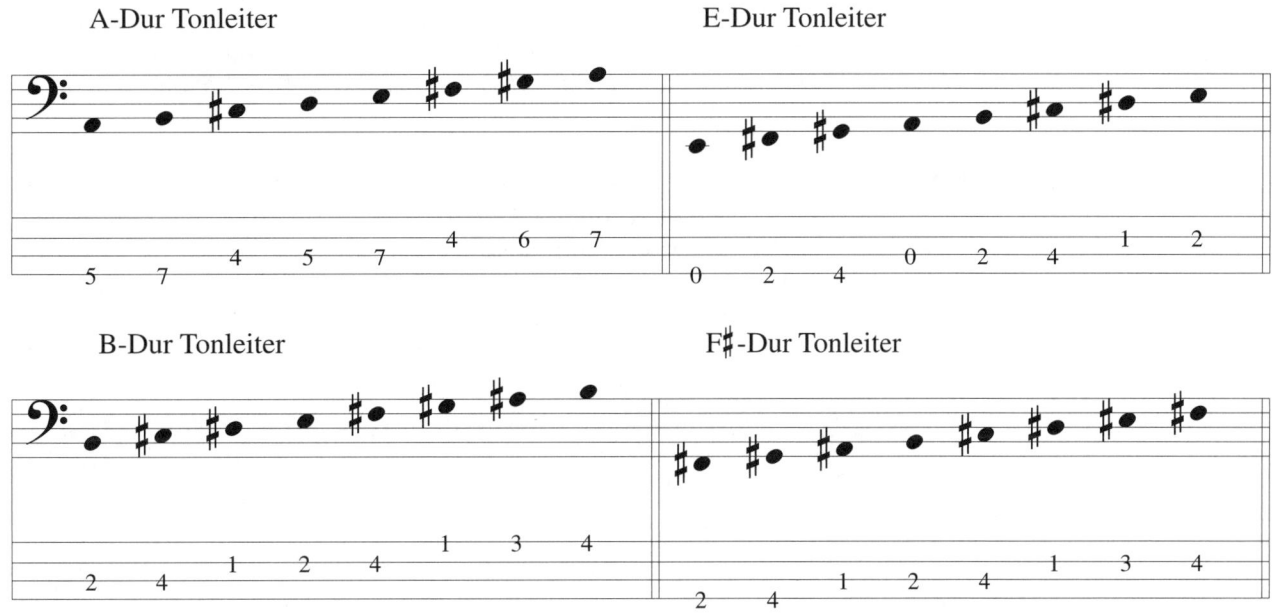

A-Dur Tonleiter

E-Dur Tonleiter

B-Dur Tonleiter

F#-Dur Tonleiter

Jetzt bist Du bei der Fis-Durtonleiter angelangt, die von den Tönen her mit der Ges-Durtonleiter identisch ist, (siehe enharmonische Verwechslung).

Abbildung 65

G♭-Dur Tonleiter

D♭-Dur Tonleiter

A♭-Dur Tonleiter

E♭-Dur Tonleiter

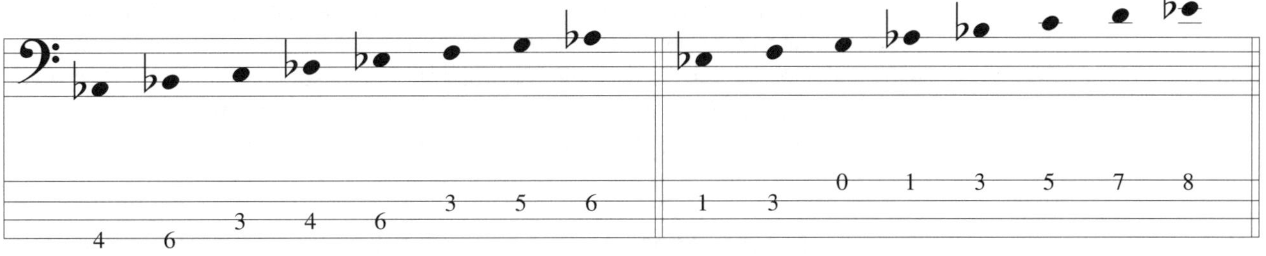

B♭-Dur Tonleiter

F-Dur Tonleiter

Der Kreis hat sich geschlossen und wir sind wieder bei unserer Ausgangstonleiter C-Dur angekommen. Wenn Du nachzählst, wirst Du feststellen, daß wir alle zwölf Durtonleitern aufgeschrieben haben.

Quintenzirkel

Im Quintenzirkel sind alle Tonleitern bzw. Tonarten in der Reihenfolge ihrer Entstehung angeordnet. Der Quintenzirkel hat seinen Namen daher, da der Abstand zwischen den Grundtönen immer eine Quinte beträgt.

Abbildung 66

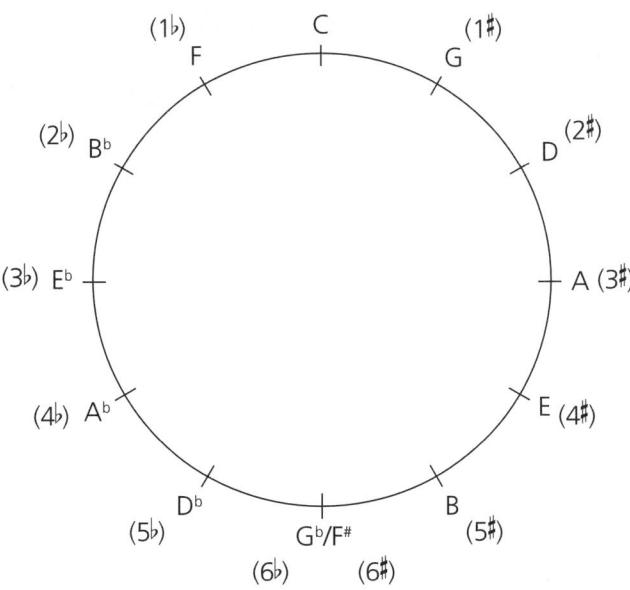

Lerne den Quintenzirkel am besten auswendig, denn Du wirst ihn noch häufig brauchen. Er wird Dir oft das Verstehen harmonischer Zusammenhänge erleichtern.

Dreistimmige Akkorde

Ein Akkord ist das gleichzeitige Erklingen dreier oder mehrerer Töne im Terzabstand. Weil die Töne gleichzeitig erklingen, werden sie auch übereinander notiert. Akkorde werden, von einer Ausnahme abgesehen, durch Terzen, die man übereinander setzt, aufgebaut. Wenn wir nun große und kleine Terzen in allen möglichen Kombinationen übereinander setzen, so kommen dabei vier verschiedene Akkordtypen heraus.

Der **Durakkord** besteht aus großer Terz unten und kleiner Terz oben. Das Außenintervall ist eine reine Quinte.

Abbildung 67

Der **Mollakkord** besteht aus kleiner Terz unten und großer Terz oben. Das Außenintervall ist ebenfalls eine reine Quinte.
Abbildung 68

Schichtet man zwei kleine Terzen übereinander, so entsteht der **verminderte Akkord.** Das Außenintervall ist eine verminderte Quinte.
Abbildung 69

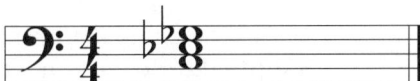

Schichtet man zwei große Terzen übereinander, so entsteht der **übermäßige Akkord.** Das Außenintervall ist eine übermäßige Quinte.
Abbildung 70

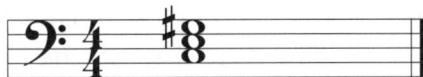

Der **Sus Akkord** ist die vorher erwähnte Ausnahme beim Aufbau von Dreiklängen. Er besteht nicht aus Terzen, sondern aus einer Quarte unten und einer großen Sekunde oben. Das Außenintervall ist eine reine Quinte. Dieser Akkord klingt immer etwas instabil, da sich die Quarte zur Terz hin auflösen will.
Abbildung 71

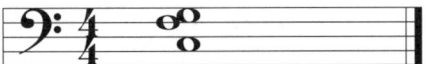

Akkordumkehrungen

Neben den oben beschriebenen Grundstellungen kann ein Dur- oder Molldreiklang auch als sogenannte Umkehrung notiert oder gespielt werden. Das bedeutet, daß ein anderer Ton aus dem Dreiklang an tiefster Stelle steht.
Abbildung 72

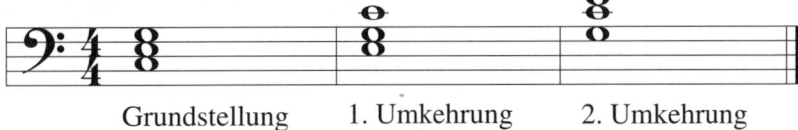

Grundstellung   1. Umkehrung   2. Umkehrung

Erwähnen möchte ich an dieser Stelle noch den **Power Chord.** Du kennst den Power Chord sicher aus der Rockmusik, da er dort der "klassische Akkord" ist. Streng genommen ist er eigentlich gar kein Akkord, da er nur aus Grundton und Quinte besteht.
Abbildung 73

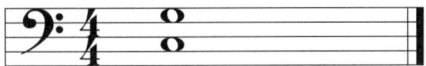

Leitereigene Akkorde

Jede Tonleiter hat ihre eigenen Akkorde, die sogenannten "leitereigenen Akkorde". Sie entstehen, wenn Du über jedem Ton der Tonleiter einen Dreiklang aufbaust.

Abbildung 74

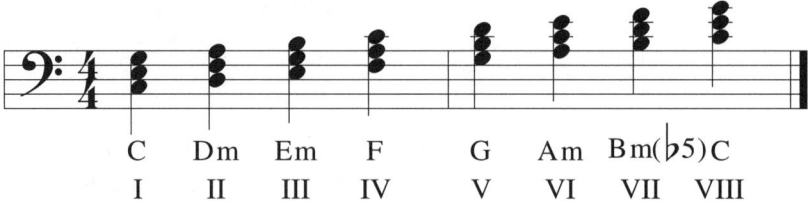

Hierbei ergeben sich drei verschiedene Akkordtypen: die Durakkorde, die Mollakkorde und der verminderte Akkord. Die Durakkorde werden als **Hauptakkorde** bezeichnet und die drei Mollakkorde als **Nebenakkorde.** Unter den Akkordnamen findest Du in römischen Ziffern deren Stufenbezeichnung. Die Akkorde bestimmen das harmonische Geschehen in einem Song.

Kadenzen

Eine Kadenz ist eine Akkordfolge, die Spannung erzeugt und wieder auflöst. Hierbei spielen die Hauptakkorde der Tonart eine wichtige Rolle, da diese den höchsten Spannungsgehalt haben. Daher wird eine einfache Kadenz aus den Durakkorden einer Tonart gebildet. Ausgangsakkord hierfür ist der Akkord auf der I.Stufe, die sogenannte **Tonika.** Die stärkste Spannung besitzt der Akkord auf der V.Stufe, die **Dominante.** Der Akkord "drängt" immer zu einer Auflösung zur Tonika hin. Ein weiterer wichtiger Akkord ist die Subdominante, die auf der IV. Stufe steht.

Eine einfache C-Durkadenz sieht folgendermaßen aus:
Abbildung 75

```
C Dur  I F Dur  I G Dur I C Dur I
   I      IV       V        I
```

Mit Hilfe der Mollakkorde kannst Du den Spannungsbogen einer Kadenz verlängern. Ein wichtige Kadenz mit Mollakkorden ist:
Abbildung 76
```
I C Dur I Am  I Dm  I G Dur I C Dur I
    I     VI-    II-     V        I
```

Vierstimmige Akkorde

Neben den dreistimmigen Akkorden gibt es auch noch die vierstimmigen Akkorde. Hier werden vier Töne im Terzabstand übereinander aufgebaut. Im folgenden findest Du alle wichtigen vierstimmigen Akkorde in der Tonart "C" notiert, ebenso den Fingersatz, mit dem Du die Akkorde greifen kannst. Die Abkürzungen der Akkorde sind in Klammern notiert.

144

Abbildung 77

C Major 7 (Cmaj.7)

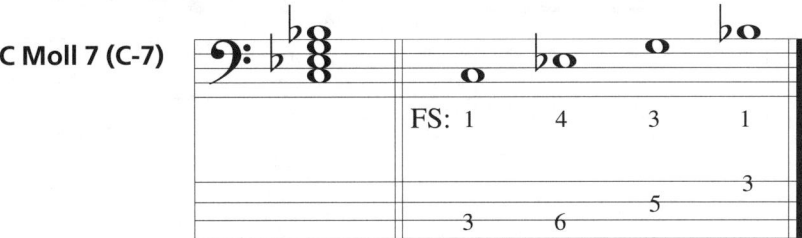

C Dominant 7 (C7)

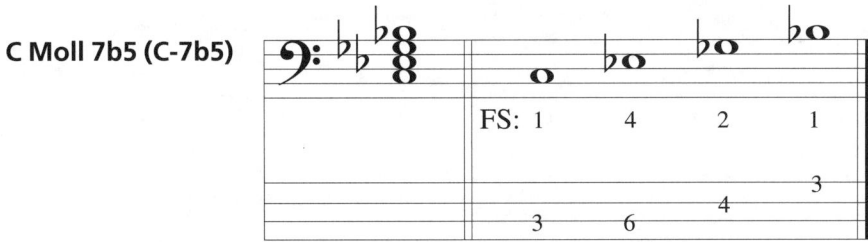

C Moll 7 (C-7)

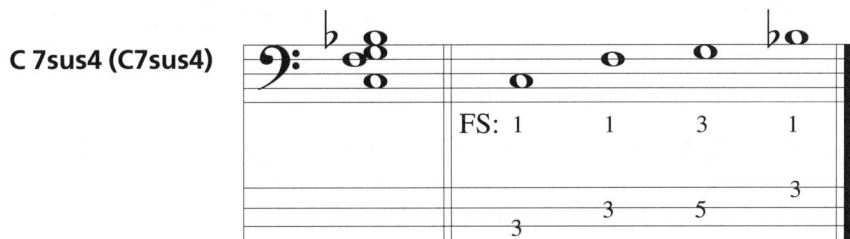

C Moll 7b5 (C-7b5)

C 7sus4 (C7sus4)

C 7 vermindert (Co7)

Arpeggien

Die folgenden Übungen zeigen Dir am Beispiel des C-Major 7 Akkords, wie Du Akkorde am sinnvollsten üben kannst. Man nennt Übungen dieser Art Akkordbrechungen (Arpeggien). Spiele die Arpeggien im Quintenzirkel durch alle Tonarten.

Übung 179

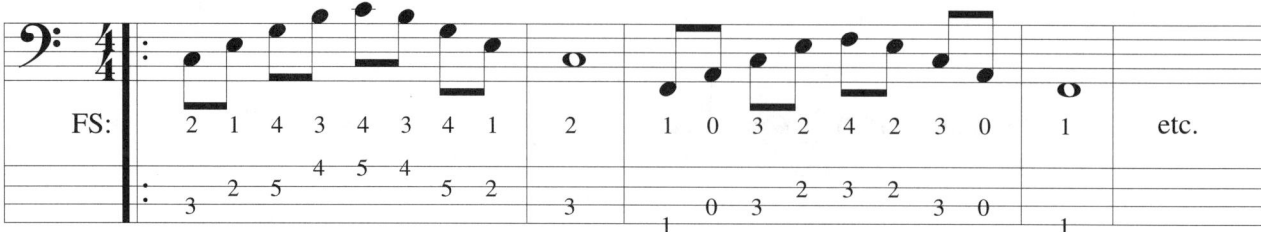

Übung 180

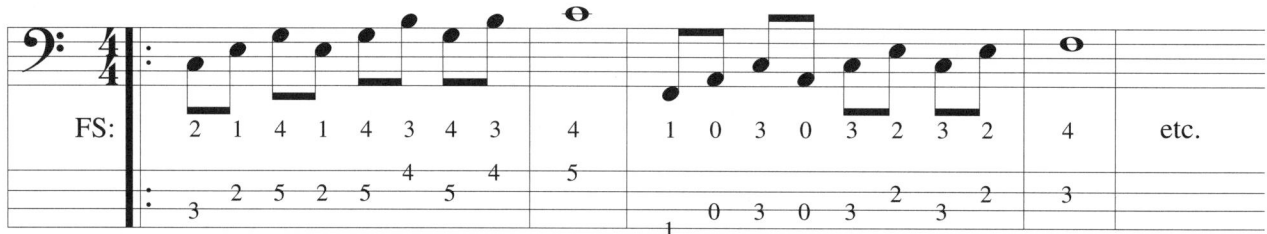

Übung 181

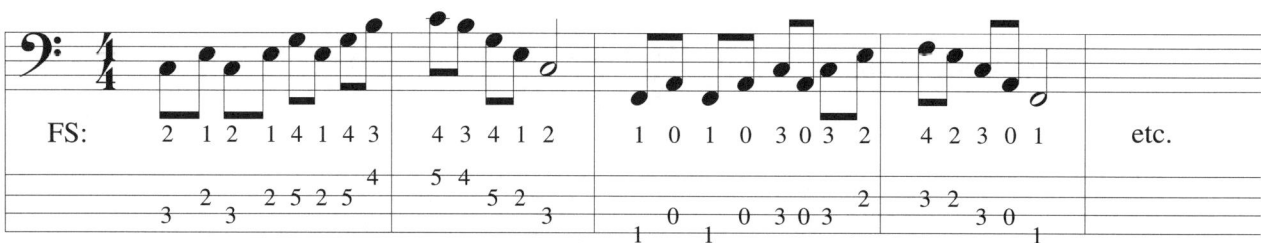

Wenn Du die Arpeggien sicher über eine Oktave spielen kannst, beginne damit, sie auch über zwei Oktaven zu spielen.

Akkorde und Tonleitern

In der Akkord- und Tonleitertabelle findest Du zu jedem Akkord eine oder mehrere Tonleitern, die zum Akkord passen. Mit den Tönen der Tonleiter kannst Du dann Deine Bassline komponieren. Die folgenden beiden Tabellen zeigen Dir, was Du über drei- und vierstimmige Akkorde wissen mußt:

1. **Aus welchen Tönen sich die Akkorde zusammensetzen.**
2. **Die Intervalle, aus denen die Akkorde bestehen.**
3. **Die Tonleitern, die Du zu den Akkorden spielen kannst.**
4. **Die Fingersätze, die am besten geeignet sind.**

Abbildung 78

Name des Dreiklangs	C-DUR	C-MOLL	C-Vermindert	C-Übermäßig	Csus^4
Die Töne des Dreiklangs	C E G	C E^b G	C E^b G^b	C E G$^\sharp$	C F G
Aus welchen Intervallen besteht der Dreiklang?	C - E : 3 E - G : ^{b}3 C - G : 5	C - E^b : ^{b}3 E^b - G : 3 C - G : 5	C - E^b : ^{b}3 E^b - G^b : ^{b}3 C - G^b : ^{b}5	C - E : 3 E - G$^\sharp$: 3 C - G$^\sharp$: $^\sharp$5	C - F : 4 F - G : 2 C - G : 5
Die Tonleiter, die Du zu diesem Dreiklang spielen kannst:	C-DUR: *) C D E F G A B C	C-MOLL: **) C D E^b F G A^b B^b C	C-Vermindert: C D E^b F F$^\sharp$ G$^\sharp$ A B C	C-Ganzton C D E F$^\sharp$ G$^\sharp$ B^b C	C-Mixolydisch: C D E F G A B^b C
Der geeignete Fingersatz auf dem E-Bass:	2 4 1 2 4 1 3 4	1 3 4 1 3 4 1 3	1 3 4 1 2 4 1 3 4	2 4 1 3 1 1 3	2 4 1 2 4 1 2 4

*)   Zu diesen Akkorden kannst Du auch die DUR-Pentatonik spielen: C D E G A C. Fingersatz: 1 1 3 1 3 1 oder 2 4 1 4 1 4.
**)   Zu diesen Akkorden kannst Du auch die MOLL-Pentatonik spielen: C E^b F G B^b C. Fingersatz: 1 4 1 3 1 4 oder 3 1 1 3 1 4.

Abbildung 79

Name des Akkordes	Die Abkürzung dafür	Die Töne des Akkordes	Akkordart	Die Tonleiter die Du dazu spielen kannst	Geeigneter Fingersatz auf dem E-Bass
C Major 7	C maj 7 (Cj 7)	C E G B	Dur-Dreiklang mit gr. Septime	C-Ionisch: C D E F G A B C *)	2 4 1 2 4 1 3 4
C Dominant 7	C 7	C E G B^b	Dur-Dreiklang mit kl. Septime	C-Mixolydisch: C D E F G A B^b C	2 4 1 2 4 1 2 4
C Moll 7	C- 7 (Cm 7) (c 7)	C E^b G B^b	Moll-Dreiklang mit kl. Septime	C-Moll: C D E^b F G A^b B^b C **)	1 3 4 1 3 4 1 3
C Moll 7/^{b}5	C-7 (Cm 7/^{b}5) (c 7/^{b}5)	C E^b G^b B^b	Verminderter Dreiklang mit kl. Septime	C-Lokrisch: C D^b E^b F G^b A^b B^b C	1 2 4 1 2 4 1 3 1 3
C Moll Major 7	C- maj 7 (Cm maj 7) (c maj 7)	C E^b G B	Moll-Dreiklang mit gr. Septime	C-Melod. Moll: C D E^b F G A B C	1 3 4 1 4 1 3 4
C7 Vermindert	C° (C dim) (C° 7)	C E^b G^b B^{bb}	Übereinander-liegende kleine Terzen	C-Vermindert C D E^b F F$^\sharp$ G$^\sharp$ A B C	1 3 4 1 2 4 1 3 4
C7 sus 4	C 7 sus 4 (C 7/4)	C F G B^b	Csus 4-Dreiklang mit kl. Septime	C-Mixolydisch: C D E F G A B^b C **)	2 4 1 2 4 1 2 4
C7 mit übermäßiger Quinte	C7/$^\sharp$5 (C7/5$^+$)	C E G$^\sharp$ B^b	C übermäßiger Dreiklang mit kl. Septime	C-Ganzton: C D E F$^\sharp$ G$^\sharp$ B^b C	2 4 1 2 4 1 3
C7 mit verminderter Quinte	C7/^{b}5 (C7/5$^-$)	C E G^b B^b	C vermindert. Dreiklang mit kl. Septime	C-Ganzton C D E F$^\sharp$ G$^\sharp$ B^b C	2 4 1 2 4 1 3
C Major 7 mit übermäßiger Quinte	Cmaj 7/$^\sharp$5 (Cj 7/$^\sharp$5)	C E G$^\sharp$ B	C übermäßiger Dreiklang mit gr. Septime	C-Lydisch $^\sharp$5: C D E F$^\sharp$ G$^\sharp$ A B C	2 4 1 3 1 1 3 4
C Major 7 mit verminderter Quinte	Cmaj 7/^{b}5 (Cj7/^{b}5)	C E G^b B	C vermindert. Dreiklang mit großer Septime	C-Lydisch $^\sharp$5: C D E F$^\sharp$ G$^\sharp$ A B C	2 4 1 3 1 1 3 4

*)   Zu diesen Akkorden kannst Du auch die DUR-Pentatonik spielen: C D E G A C. Fingersatz: 1 1 3 1 3 1 oder 2 4 1 4 1 4.

Hier habe ich zwei Übungen aufgeschrieben, die Dir zeigen, wie Du Tonleitern sinnvoll üben kannst. Als Grundlage dient die C-Durtonleiter.

Übung 182

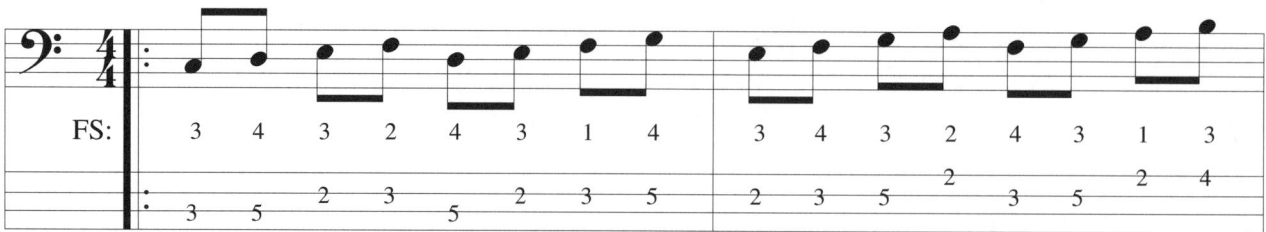

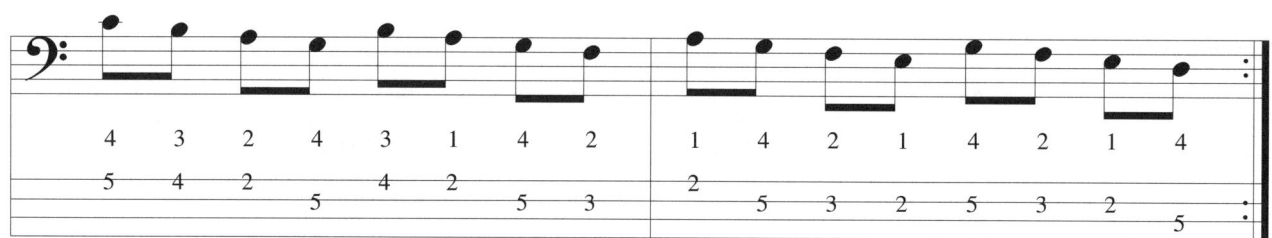

Übung 183

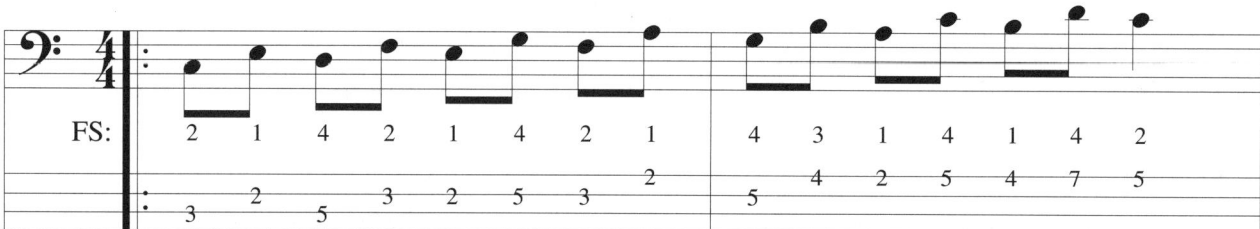

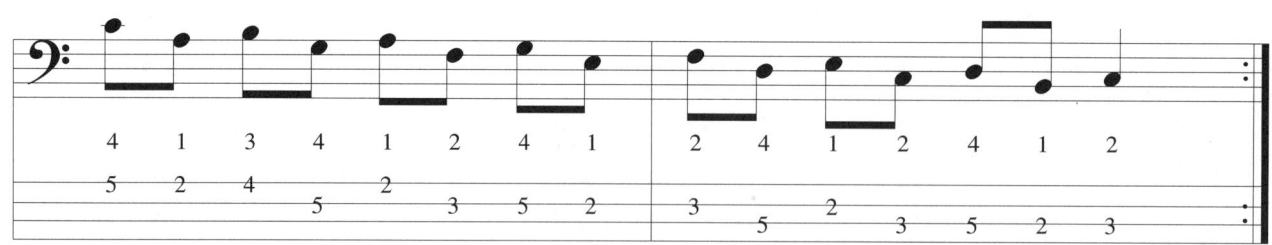

Das waren die wichtigsten Punkte, die Du zum Thema Harmonielehre wissen mußt. Wenn Du Dich noch intensiver mit dieser Materie befassen möchtest, dann empfehle ich Dir ein weiteres Buch aus dem LEU-VERLAG: **HARMONIELEHRE UND SONGWRITING.**

Fritsch/Kellert/Lonardoni

Harmonielehre

und Songwriting

Professional Music

Musikarbeitsbuch

Harmonielehre und Songwriting. Endlich verständlich -
auch für Einsteiger - stellen hier die Autoren die
Harmonielehre und die notwendige Praxisübertragung
für das Songwriting in übersichtlichen Einzelschritten dar.
Die Nutzanwendungen des musikalischen Gefüges und
der Akkordzusammenhänge werden an einzelnen Song-
beispielen gezeigt. Aus dem Inhalt:
Geschichte des Songwriting, Songwritingpraxis, harmonische
Grundlagen, Werkzeuge (Notation/Rhythmik/Melodik/Text-Form),
Musikbusiness, GEMA, Verlag, meine Demosongs u.a.
ISBN 3-928825-23-3, 2. Auflage, 260 Seiten, Fotos

Musikalische Begriffe und Zeichen zum Nachschlagen

Akkordton	Einer der Töne, aus denen ein Akkord aufgebaut ist.
Amp	Abkürzung für Amplifier (Verstärker).
Arpeggio	Akkordbrechung. Einzelne Töne eines Akkordes werden nacheinander gespielt.
Bassline	engl. für Basslinie.
Bending	Saitenziehen.
Blue Note	Bluesnoten. Kleine Terz und verminderte Quinte.
Bridge	Zwischenteil eines Songs. Meistens gleichzeitig die Überleitung in einen neuen Formteil.
Changes	Akkordfolge eines Songs.
Chord	Englisch für Akkord.
Da Capo	Von Anfang an. Auch oft nur D.C. geschrieben.
Dal Segno	D.S. Vom D. S.- Zeichen an spielen.
decresc.	decrescendo, Dynamikbezeichnung für leiser werden.
diatonischer Verbindungston	Tonleitereigener Verbindungston.
Drumgroove	engl. für Schlagzeugrhythmus.
Ending	Ende eines Songs.
Fast	schnell.
Fill	Melodischer oder rhythmischer Einwurf eines Instruments.
Fine	Das Ende eines Songs.
Forte, f	Dynamikbezeichnung für laut/kräftig.
Glissando	gleitend.
Half Time	Halbes Tempo.
Interlude	Musikalisches Zwischenspiel.
Intro	Einleitung.
Key	Englische Bezeichnung für Tonart.
Lick	Kurze melodische, rhythmische oder harmonische Phrase.
Minor	Englische Bezeichnung für Moll.
Mode	Englische Bezeichnung für Tonart.
Off Beat	Die unbetonten Schläge eines Taktes.
Ostinato	Beständiges Wiederholen eines rhythmischen, harmonischen oder melodischen Teils.
Part	Instrumentenstimme aus einem Arrangement.
Pattern	Kurze melodische oder rhythmische Figur, die in sich abgeschlossen ist.
Pick Up	Tonabnehmer.
Pizzicato	Mit den Fingern gezupft.
Powerchord	Akkord, der nur aus Grundton und Quinte besteht.
Preamp	Vorverstärker, Vorstufe.
Riff	Wiederholte melodische, rhythmische oder harmonische Phrase.
Ritardando	Italienisch für "verzögernd". Allmähliche Verlangsamung des Tempos.
Scale	englisch für Tonleiter.
Score	englisch für Partitur.

Senza	Italienisch für "ohne".
Senza Rep	Senza Repetitione. Italienisch für "ohne Wiederholung".
Simile	Ähnlich weiterspielen.
Tapping	Gitarren- und Basstechnik, bei der mit beiden Händen auf dem Griffbrett gespielt wird.
Timing	Rhythmische Exaktheit.
Unisono	(unis.), einstimmig, gleichzeitig.
Voicing	Akkordstimmenaufbau.

Zeichenerklärung

Hier findest Du die im Buch verwendeten Zeichen in einer Zusammenfassung.

◼ = Abschlag (nach unten)

V = Aufschlag

H = Hammer On

PO = Pull Off

╲ = Slide von oben

╱ = Slide von unten

UB = Up Bending

RB = Release Bending

⌁ = Vibrato

• = Ton kurz spielen (Staccato)

— = Note lang spielen (Legato)

> = Note betonen (Akzent)

⨯ = Dead Note

P = Pop

FS = Fingersatz

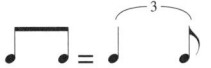 = Kurzschreibweise für ternäre Phrasierung (Shuffle Rhythmus)

151

Bassisten, die du dir anhören solltest

Ich habe eine ganze Reihe von Bassisten aufgelistet, die Du Dir anhören solltest. Daneben findest Du immer eine oder mehrere Bands, in denen sie spielen oder gespielt haben. Von diesen Leuten kannst Du eine Menge lernen. Besorge Dir CD's, auf denen diese Bassisten mitspielen, höre Dir genau an, "was" sie spielen und "wie" sie spielen und versuche es "nachzuspielen".

Blues/Rhythm & Blues

Jack Bruce	- Cream, Solo
Roscoe Beck	- Robben Ford Band
Richard Cousins	- Robert Cray Band
Donald "Duck" Dunn	- Blues Brothers, Booker T. & The MG's
Johnny B. Gayden	- Albert Collins & Johnny Winter
Colin Hodgkinson	- Alexis Korner, Peter Maffay
Tommy Shannon	- Steve Ray Vaughan

Rock/Hard Rock/Heavy Metal

Michael Anthony	- Van Halen
Mario Chippolina	- Huey Lewis And The News
Roger Glover	- Deep Purple, Rainbow
Stuart Hamm	- Joe Satriani, Steve Vai
Steve Harris	- Iron Maiden
Dusty Hill	- Z.Z.Top
John Myung	- Dream Theatre
Jason Newstedt	- Metallica
Andy Pyle	- Gary Moore, The Kinks
Billy Sheehan	- David Lee Roth, Mr. Big
Cliff Williams	- AC/DC

Grunge/Crossover

Jeff Ament	- Pearl Jam
Flea	- Red Hot Chili Peppers
Ben Shepperd	- Soundgarden
P-Nut	- 311

Soul & Funk

Richard Bona	- Joe Zawinul Syndicate
Oteil Burbridge	- Aquarium Rescue Unit
Stanley Clarke	- Solo, Chick Corea
Bootsy Collins	- James Brown, Parliament
James Genus	- Brecker Brothers Band
Larry Graham	- Graham Central Station, Sly Stone
Anthony Jackson	- Chaka Khan, Steeley Dan, Studio
James Jamerson	- unzählige alte Motown-Aufnahmen
Darryl Jones	- Sting, Miles Davis, Rolling Stones
Carol Kaye	- unzählige alte Motown-Aufnahmen, Studio
Mark King	- Level 42
Will Lee	- Studio, Solo CD "Oh!" (Go Jazz, 60172)
Marcus Miller	- David Sanborn, Miles Davis, Solo
Francis Rocco Prestia	- Tower Of Power
Sunny T.	- Prince
Jaco Pastorius *	- Solo, Weather Report, Joni Mitchell...
Stuart Zender	- Jamiroquai

Latin & Salsa	Nico Assuncao	- Caetano Veloso, Gal Costa, Soao Bosco
	Lincoln Goines	- Dave Valentin, Michel Camillo
	Andy Gonzalez	- Fort Apache Band, Manny Oquendo's Libre
	Arthur Maia	- Gilberto Gil, Sergio Mendes
	Ruben Rodriguez	- Tito Puente, Ray Baretto
	Fernando Souza	- Gal Costa
	Itibere Zwag	- Hermeto Pascoal

Reggae	Aston Barrett	- Bob Marley & The Wailers
	Robby Shakespeare	- Black Uhuru, Pete Tosh
	Jah Wobble	- Public Image Limited

Jazz & Fusion	Jimmy Blanton	- Duke Ellington
	Ray Brown	- Oscar Peterson Trio, Monty Alexander
	Ron Carter	- Miles Davis, Herbie Hancock
	Paul Chambers	- Miles Davis, John Coltrane
	Charlie Haden	- Pat Metheny, Ornette Coleman
	Anthony Jackson	- Chaka Khan, Steeley Dan, Studio
	Scott LaFaro	- Bill Evans Trio
	Charles Mingus	- Solo
	Jaco Pastorius *	- Solo, Weather Report
	John Pattitucci	- Chick Corea, Solo

* Vorsicht übrigens bei Jaco Pastorius CD's. Nach seinem Tod haben einige Firmen absolut miserabel klingende CD's auf den Markt gebracht, um kurz die schnelle Mark zu machen. Die CD's wurden teilweise live mit einem Walkman mitgeschnitten und haben eine lausige Tonqualität. Erst reinhören, dann kaufen!

Besten Dank Vielen Dank noch all denen, die mir geholfen haben, MODERN ELECTRIC BASS 1 in dieser Form zu verwirklichen.

Wolfgang Leupelt
Peter Kellert
Bärbel Lonardoni
Ulli Fiedler
Markus Fritsch
Thomas Dirr
Heiko Streicher
Reinhold Koch von SWR AMPLIFICATION
Mani Noppeney und Rolf Baumeister von ART OF SOUND
Max Junger von PYRASOUND
Lipstick Records: Alex, Rea, Olav, Jennifer, Guido........

Das Einsteiger-Lehrbuch mit CD für Elektrobass

Andreas Lonardoni
BASS ELEMENTS Der einfache Weg zum Bass-Spiel
Lehrbuch für junge Einsteiger auf dem E-Bass
Mit CD, 12 Play Along Songs, 50 Licks, Noten, TAB.
Mit BASS ELEMENTS lernst Du schnell und praxisbezogen das,
was Du brauchst, um in eine Band einsteigen zu können.
BASS ELEMENTS besteht aus sechs Teilen:
1. Basics – ohne die läuft nichts
2. String Session – spielen mit den Tönen bis zum fünften Bund
3. Play Along Session – 12 Songs zum Mitspielen
4. Hilft immer – 50 coole Basslicks
5. Smart Part – Wissenswertes zum Nachschlagen
6. CD mit allen Übungen und Songs, gespielt von einer Live-Band

ISBN 978-3-89775-077-7
80 Seiten, DIN A4, mit CD
Noten und TAB, Fotos, Tabellen

Dieses Buch wird ergänzt durch weitere Publikationen aus dem LEU-VERLAG:

MODERN ELECTRIC BASS 2 - ADVANCED
Von Andreas Lonardoni. Mit CD.
Die Fortsetzung von MODERN ELECTRIC-BASS 1.
Level: Fortgeschrittene.

ROCK CLASSICS FOR BASS AND DRUMS, VOLUME 1
Von Peter Kellert und Andreas Lonardoni. Mit CD.
Level: Einsteiger & Fortgeschrittene.

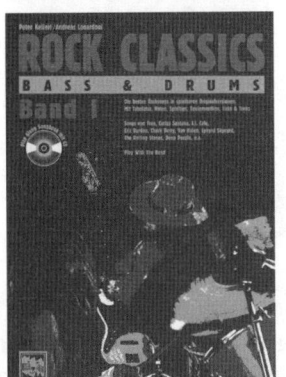

ROCK CLASSICS FOR BASS AND DRUMS, VOLUME 2
Von Peter Kellert und Andreas Lonardoni. Mit CD.
Level: Einsteiger & Fortgeschrittene.

BLUESBASS
Von Jack Bruce. Mit CD.
Level: Einsteiger.

BASS MAGIC
Von Francis Buchholz. Mit CD.
Level: Einsteiger & Fortgeschrittene.

FUNK IT
Von Jan Kazda
Funk- und Crossover-Etüden. Mit CD.
Level: Fortgeschrittene.

HARMONIELEHRE UND SONGWRITING
Von Markus Fritsch, Peter Kellert und Andreas Lonardoni.
Level: Einsteiger & Fortgeschrittene.

ARRANGIEREN UND PRODUZIEREN
Von Markus Fritsch, Peter Kellert und Andreas Lonardoni.
Level: Einsteiger & Fortgeschrittene.

Weitere ergänzende PLAY ALONG CD's von Andreas Lonardoni. Jeweils 60 Minuten Musik zum Mitjammen auf einer CD. Zu beziehen über:

LODO MUSIC
Virnebergstr. 31
53619 Rheinbreibach
Tel: +49 (0)2224 968 390
Fax: +49 (0)2224 968 391
Email: ALonardoni@aol.com

GROOVE JAM VOLUME 1

60 Minuten Live Drumgrooves zum Mitjammen in perfekter Qualität auf CD. Verschiedene Tempi, verschiedene Stilistiken: Pop, Rock, Heavy Metal, Funk, Soul, Hip Hop, Blues, Rockabilly, Rock & Roll, Rhythm & Blues.....

GROOVE JAM VOLUME 2

60 Minuten neue Live Drumgrooves zum Mitjammen in perfekter Qualität auf CD. Verschiedene Tempi, verschiedene Stilistiken: Pop, Rock, Heavy Metal, Funk, Soul, Fusion, Raggae, Bossa Nova, Samba, Salsa, Songo.....

BASIC JAZZ JAM VOLUME 1

20 leichte und bekannte Jazzstandards auf CD mit Klavierbegleitung: All the things you are, Autumn leaves, Blues in F, The Days of wine and roses, Have you met Miss Jones, Stella by starlight, There will never be another you, Yardbird Suite..... Perfekt zum Walking Bass und Solo üben.

ADVANCED JAZZ JAM VOLUME 1

20 bekannte Jazzstandards auf CD mit Klavierbegleitung: As time goes by, Blues for Alice, Confirmation, Donna Lee, Body & Soul, In your own sweet way, My funny valentine, My Romance, Oleo...... Perfekt zum Walking Bass und Solo üben.

LATIN JAM VOLUME 1

20 leichte und bekannte Latinstandards mit Klavierbegleitung auf CD: Black Orpheus, Blue Bossa, Girl from Ipanema, Wave, Triste, Ceora, St. Thomas, Corcovado, One Note Samba, How Insensitive.... Perfekt zum Begleiten und Solo üben.